Lehrerinnen und Lehrer an
heilpädagogischen Waldorfschulen

Bernhard Schmalenbach · Dirk Randoll
Jürgen Peters (Hrsg.)

Lehrerinnen und Lehrer an heilpädagogischen Waldorfschulen

Eine explorative empirische Untersuchung

Herausgeber
Bernhard Schmalenbach
Dirk Randoll
Jürgen Peters

Alfter, Deutschland

ISBN 978-3-658-06810-3 ISBN 978-3-658-06811-0 (eBook)
DOI 10.1007/978-3-658-06811-0

Die Deutsche Nationalbibliothek verzeichnet diese Publikation in der Deutschen Nationalbibliografie; detaillierte bibliografische Daten sind im Internet über http://dnb.d-nb.de abrufbar.

Springer VS
© Springer Fachmedien Wiesbaden 2014
Das Werk einschließlich aller seiner Teile ist urheberrechtlich geschützt. Jede Verwertung, die nicht ausdrücklich vom Urheberrechtsgesetz zugelassen ist, bedarf der vorherigen Zustimmung des Verlags. Das gilt insbesondere für Vervielfältigungen, Bearbeitungen, Übersetzungen, Mikroverfilmungen und die Einspeicherung und Verarbeitung in elektronischen Systemen.

Die Wiedergabe von Gebrauchsnamen, Handelsnamen, Warenbezeichnungen usw. in diesem Werk berechtigt auch ohne besondere Kennzeichnung nicht zu der Annahme, dass solche Namen im Sinne der Warenzeichen- und Markenschutz-Gesetzgebung als frei zu betrachten wären und daher von jedermann benutzt werden dürften.

Gedruckt auf säurefreiem und chlorfrei gebleichtem Papier

Springer VS ist eine Marke von Springer DE. Springer DE ist Teil der Fachverlagsgruppe Springer Science+Business Media.
www.springer-vs.de

Inhalt

Einleitung 7

1 Beschreibung der Stichprobe 11
1.1 Personenbezogene Daten 11
1.2 Religionszugehörigkeit und Einstellung zur Anthroposophie 12
1.3 Angaben zur beruflichen Situation 14
1.4 Schulabschluss und Ausbildung 18
1.5 Zur wirtschaftlichen Situation der Lehrer an Heilpädagogischen Schulen 21

2 Befragung von Lehrern der Heilpädagogischen Schulen auf waldorfpädagogischer Grundlage – Teil I: Auswertung der offenen Fragen des Lehrerfragebogens 25
2.1 Das Hauptmotiv, an einer Waldorfschule tätig zu sein (1. Frage) 25
2.2 Die besonders wichtigen Aspekte der Arbeit an der Waldorfschule (2. Frage) 31
2.3 Die größten Herausforderungen an die Waldorfschule in der Zukunft (3. Frage) 37
2.4 Zusammenfassende Betrachtung 40

3 Befragung von Lehrern der Heilpädagogischen Schulen auf waldorfpädagogischer Grundlage – Teil II: Interpretation der geschlossenen Fragen des Lehrerfragebogens 45
3.1 Der Umgang mit schulischen Leistungen 46
3.2 Die Beziehung zu den Schülern 48
3.3 Die Qualität des Unterrichts 49
3.4 Die Einstellung zur Waldorfpädagogik 54
3.5 Die Einstellung zur Anthroposophie 56
3.6 Kommunikation und soziale Beziehungen 60
3.7 Führung und Selbstverwaltung 64
3.8 Die Zusammenarbeit mit den Eltern 74
3.9 Belastung, Zufriedenheit und Selbstwirksamkeit 75
3.10 Bewältigung und Ressourcen 80
3.11 Die finanzielle Situation 82

4 Gesamtdiskussion 85
4.1 Berufliches Selbstverständnis und pädagogische Qualität 85
4.2 Lehrer-Schüler-Beziehung 86
4.3 Bezug zur Anthroposophie 88
4.4 Zur Waldorfpädagogik 88
4.5 Selbstverwaltung, Kollegialität und Zusammenarbeit mit den Eltern 93
4.6 Waldorflehrer und heilpädagogische Lehrer im Vergleich 94
4.7 Zufriedenheit, Belastungserleben und Selbstwirksamkeit 95
4.8 Die Einstellungen der heilpädagogischen Lehrer als *Beliefs* 96

5	Arbeitsbezogene Verhaltens- und Erlebens-Muster von Lehrern an heilpädagogischen Waldorfschulen	99
5.1	Einführung in die Thematik	99
5.2	Die AVEM-Typologie	99
5.3	AVEM-Verteilung der Waldorflehrer an Heilpädagogischen Schulen	101
5.4	Relevanz der AVEM-Muster für die Gesundheit und die Leistungsfähigkeit	104
5.5	Einflussgrößen für AVEM	107
5.6	Zusammenfassung der Ergebnisse	109

Literaturverzeichnis 111

Einleitung

Die Heilpädagogik auf waldorfpädagogischer Grundlage bildet seit mittlerweile 90 Jahren eine eigenständige Richtung der Heil- und Sonderpädagogik. Ihre vielfältigen Impulse sind in Schulen, Heimen und Lebensgemeinschaften ebenso wirksam geworden wie im Bereich der Frühförderung, der Beratung, der Sozialarbeit und der Arbeit im psychiatrischen Kontext. Eine Vielzahl von Einrichtungen der Heilpädagogik – in einem weiten Sinn verstanden – arbeitet ausdrücklich auf waldorfpädagogischer bzw. auf anthroposophischer Grundlage. Darüber hinaus gibt es eine weit größere Zahl im Feld tätiger Personen, die Anregungen durch persönliche Begegnungen, Hospitationen, Aus- und Fortbildungen oder durch die Beschäftigung mit Veröffentlichungen erfahren haben. Eine große Bedeutung für das Bild der anthroposophisch orientierten Heilpädagogik in der Fachöffentlichkeit wie in der Öffentlichkeit insgesamt kommt den Erfahrungen von Betroffenen und ihren Angehörigen zu. Wissenschaftliche Zugänge zur anthroposophischen Heilpädagogik wurden bereits in den 1970er-Jahren durch einzelne Dissertationen erschlossen, eine Zäsur bilden die Veröffentlichungen in der „Dornacher Reihe der Konferenz für Heilpädagogik und Sozialtherapie" (1997 bis 2005) (z. B. Buchka, 2000; Büchner, 2005; Gäch, 2004; Grimm, 1998; Grimm & Kaschubowski, 1998; Klein, 2001). Weiterhin wären stellvertretend die Veröffentlichungen von Grimm (1997), Buchka (2003, 2008), Maschke (2008) und insbesondere das „Kompendium der anthroposophischen Heilpädagogik" (Grimm & Kaschubowski, 2008) zu nennen sowie die Beiträge zu Vertretern der anthroposophischen Heilpädagogik in dem Band „Lebensbilder bedeutender Heilpädagoginnen und Heilpädagogen im 20. Jahrhundert" (Buchka, Grimm & Klein, 2002). Als Veröffentlichungen aus jüngster Zeit kann auf Barth (2009), Bloomard (2012), Fischer (2012) und Goeschel (2012) hingewiesen werden. Von besonderem Belang ist auch die jüngst erschienene und breit angelegte „Geschichte der anthroposophischen Heilpädagogik und Sozialtherapie" (Frielingsdorf, Grimm & Kaldenberg, 2013). Empirische Untersuchungen liegen noch wenige vor. Hier wäre, wenngleich in erster Linie auf die Arbeit im Kindergarten bezogen, beispielsweise das Buch von Heidtmann und Schmitt (2010) zu nennen sowie die ethnographische Studie von Stamm (2011) zu den anthroposophischen Lebensgemeinschaften.

Die vorliegende Untersuchung, die sich mit den Sichtweisen von Lehrern[1] an Heilpädagogischen Schulen befasst, konnte auf die Daten aus der Waldorflehrerstudie von Randoll (2013) zurückgreifen. Die Lehrer wurden seinerzeit zu den folgenden Themen explorativ befragt: Motive, Ziele, Unterricht, Schulklima, kollegiale Zusammenarbeit und Führungsstrukturen, Qualitätsentwicklung, Elternarbeit, Berufszufriedenheit, arbeitsbezogenes Verhalten, Belastungs- und Bewältigungserleben sowie Gesundheitszustand. Die Vorbereitungen zu diesem Projekt begannen im Jahre 2010 mit einer qualitativen Vorstudie, aus deren Ergebnissen ein Fragebogen entwickelt wurde. Dazu wurden verschiedene Experten hinzugezogen: Vertreter des Bundes der Waldorfschulen, Dozenten verschiedener Seminare für Waldorfpädagogik sowie Forscher anderer Hochschulen, die bereits empirische Untersuchungen zur Waldorfpädagogik durchgeführt hatten. Alle Waldorfschulen in Deutschland, die im Jahre 2010 laut dessen Mitgliederverzeichnis Mitglied dem *Bund der Freien Wal-*

---

[1] In der vorliegenden Arbeit werden Personen als Träger von Funktionen mit dem geschlechtsneutralen Gattungsbegriff bezeichnet. Soll im Einzelfall ausdrücklich das natürliche Geschlecht einer Person hervorgehoben werden, wird dies durch das Demonstrativpronomen kenntlich gemacht.

dorfschulen angehörten, wurden angeschrieben und hatten somit die Gelegenheit, an der Untersuchung teilzunehmen. Darunter befanden sich auch 19 heilpädagogische Waldorfschulen, von denen 15 an der Befragung teilnahmen.

Die quantitative Erhebung wurde in zwei Zeitfenstern durchgeführt, und zwar zunächst im Zeitraum vom 15. September bis Weihnachten 2010 und dann in einer Verlängerung von Januar bis zum 15. Februar 2011.

Für jede Schule wurde eine Schulnummer vergeben, um später für Schulen mit großem Rücklauf ein individuelles Profil zu ermöglichen. Um die Anonymität der Teilnehmer zu gewährleisten, war es den Lehrern möglich, ihren Fragebogen in einem Umschlag abzugeben, wenn die rückläufigen Bögen von einem Beauftragten der Schule gesammelt wurden.

Bis Anfang Februar wurden insgesamt 4 539 Fragebögen an 129 interessierte Schulkollegien verschickt. Der Rücklauf aus der gesamten Erhebung betrug nach Aussortierung der unvollständig ausgefüllten Fragenbögen 2 005 Fragebögen, das sind 26,6 Prozent der Grundgesamtheit, die vom Institut für Bildungsökonomie in Mannheim zum Stichtag 31. Juli 2010 mit 7 547 Lehrern beziffert wurde, beziehungsweise 44,2 Prozent der verschickten Fragebögen.

Von den 15 Heilpädagogischen Schulen, die an der Studie teilnahmen, liegen insgesamt 198 Fragebögen vor. Dies entspricht einer Rücklaufquote von 52,5 Prozent. Daher kann trotz der relativ kleinen Stichprobe davon ausgegangen werden, dass zumindest die Gruppe der heilpädagogischen Waldorfschulen, die Mitglied im Bund der Waldorfschulen sind, durch die vorliegende Stichprobe relativ gut abgebildet ist. Die Ergebnisse lassen allerdings keine gültigen Aussagen über die gesamte Lehrerschaft an heilpädagogischen Waldorfschulen in Deutschland zu und sind daher eher als Ergebnisse einer explorativen Untersuchung anzusehen. Als solche sind sie jedoch geeignet, die Perspektiven derjenigen Personen abzubilden, welche die schulische Heilpädagogik auf anthroposophischer Grundlage in ihrer täglichen Arbeit umsetzen und damit auch in einem hohen Maße repräsentieren. Die Auffassungen und Sichtweisen der in Schulen tätigen Heilpädagogen wurden hier zum ersten Mal systematisch erhoben.

Im ersten, von *Dirk Randoll* verantworteten, Kapitel wird zunächst die Stichprobe der befragten Lehrer an den Heilpädagogischen Schulen beschrieben. Es handelt sich um eine Zufallsstichprobe, aufgrund derer keine repräsentativen Aussagen möglich sind. Neben der Alters- und Geschlechterverteilung werden auch die Religionszugehörigkeit und die Einstellung der Befragten zur Anthroposophie dargestellt. Zu einzelnen Items liegen Vergleiche zu einer Befragung von Lehrern an Freien Waldorfschulen (Randoll, 2013) sowie zu einer im Schuljahr 2007 vom Deutschen Institut für Internationale Pädagogische Forschung (DIPF) durchgeführten Lehrerbefragung an Gesamtschulen (Gerecht, Steinert, Klieme & Döbrich, 2007) vor. Deren Ergebnisse werden in Bezug auf die vorliegende Stichprobe diskutiert. Weiterhin werden für die vorliegende Stichprobe die Angaben zur beruflichen Situation, wie das Fach und der Stundenumfang, dargestellt. Die Schulabschlüsse und die Berufsausbildung werden ebenfalls in die Betrachtung einbezogen, weil die Lehrer an heilpädagogischen Waldorfschulen in Bezug auf diese Aspekte einige Besonderheiten erwarten lassen. Schließlich wird die wirtschaftliche Situation der Waldorflehrer an Heilpädagogischen Schulen auf Grundlage der Stichprobe untersucht, weil hierbei deutliche Abweichungen von der Situation an Regelschulen zu erwarten sind.

Bernhard Schmalenbach analysiert dann eine Vielzahl von Antworten von Lehrern auf die offenen und die geschlossenen Fragen des Fragebogens. Mit den offenen Fragen wurde erhoben, welche Motive die Lehrer leiten, an einer (heilpädagogischen) Waldorfschule tätig zu sein, welche Aspekte sie für ihre Arbeit als besonders wichtig erachten und welche Herausforderungen sie für die Zukunft sehen. Die Antworten geben trotz ihrer Kürze Einblick in das Selbstverständnis der Lehrer, ihre Sicht auf die Waldorfpädagogik allgemein und auf die sich ihnen stellende Aufgabe in der Bildung und Förderung der Kinder und Jugendlichen. Aus der Analyse dieser Aussagen ergibt sich ein differenziertes Bild der pädagogischen Arbeit, der sich stellenden Aufgaben und des Rahmens der Waldorfpädagogik. Von diesen Ergebnissen ausgehend, werden die Antworten auf die geschlossenen Fragen untersucht, die sich mit der pädagogischen Tätigkeit, der Beziehung zu den Kindern, Kollegen und Eltern, mit Fragen der Schulorganisation und der Selbstverwaltung, mit Fragen zur Gesundheit, zur Zufriedenheit und zum Belastungserleben wie zur Einstellung zur Waldorfpädagogik und zur Anthroposophie befassen. Hier ergeben sich deutliche Hinweise, etwa zum Verhältnis der Lehrer-Schüler-Beziehung zur Fachlichkeit, zu den Faktoren, die insbesondere zur Zufriedenheit und zur Belastung beitragen, oder zu Verständnis und Bewertung der schulischen Selbstverwaltung – um nur einiges vorwegzunehmen. Zudem zeigt der Vergleich zwischen den heilpädagogischen Lehrern und den Waldorflehrern viele Übereinstimmungen, aber auch einige bedeutende Unterschiede. In der Gesamtdiskussion werden wesentliche Ergebnisse zusammengefasst und diskutiert. Dabei zeigt sich, dass die längst überfällige Befragung der Akteure der schulischen Heilpädagogik wie der Waldorfpädagogik dazu dient, die Diskussion um einschlägige Themen, wie die Waldorfpädagogik oder die anthroposophische Heilpädagogik, als solche zu vertiefen und zu differenzieren.

Jürgen Peters stellt abschließend die Ergebnisse der **A**rbeitsbezogenen **V**erhaltens- und **E**rlebens-**M**uster (AVEM) dar, die nach der Potsdamer Lehrerstudie von Schaarschmidt (2005) auf die physische und psychische Gesundheit von Lehrern schließen lassen. In diesem Kapitel werden die Verhaltensmuster der Lehrer an heilpädagogischen Waldorfschulen mit denen anderer Waldorfschulen und denen von Regelschulen verglichen. Ein Untersuchungsschwerpunkt behandelt die Relevanz der Verhaltensmuster für die Gesundheit, die Leistungsfähigkeit und die Berufszufriedenheit der Lehrer, und ein weiterer beschäftigt sich mit möglichen Einflussgrößen auf die arbeitsbezogenen Verhaltensmuster, wie die schulischen Rahmenbedingungen, die verschiedenen Ausbildungshintergründe und die waldorfspezifische Orientierung an der Anthroposophie.

Insgesamt erweist sich die Zielsetzung dieser Studie, die Akteure der schulischen Heilpädagogik zu Wort kommen zu lassen, als ein vielversprechendes und in vieler Hinsicht ausbaufähiges Unternehmen. Die hier vorliegende Pilotstudie kann in diesem Sinne als ein weiterführender Anfang gelten.

Alfter, im Mai 2014

Bernhard Schmalenbach, Dirk Randoll und Jürgen Peters

1 Beschreibung der Stichprobe

1.1 Personenbezogene Daten

Die folgenden Ergebnisdarstellungen beziehen sich auf die Antworten von 198 an 14 Heilpädagogischen Schulen in Deutschland tätigen Lehrern. Demnach handelt es sich um eine Zufallsstichprobe, aufgrund derer keine repräsentativen Aussagen möglich sind. Bei einigen Fragen werden Vergleiche mit einer Befragung von Lehrern an Freien Waldorfschulen (Randoll, 2013), an der sich 1 807 Pädagogen beteiligten, sowie mit einer im Schuljahr 2007 vom Deutschen Institut für Internationale Pädagogische Forschung (DIPF) durchgeführten Lehrerbefragung an Gesamtschulen (Gerecht, Steinert, Klieme & Döbrich, 2007) (N=1.591) hergestellt.

67,2 Prozent der in dieser Studie befragten heilpädagogischen Lehrer sind weiblichen und 30,8 Prozent männlichen Geschlechts. Das Durchschnittsalter der Pädagogen lag im Erhebungszeitraum (Schuljahr 2011/2012) bei 49,1 Jahren (s = 8,15). Damit fällt es in etwa gleich hoch aus wie bei der Waldorflehrerbefragung (Randoll, 2013) sowie bei den Lehrern an öffentlichen Regelschulen (vgl. Statistisches Bundesamt, 2012b). Die Heilpädagoginnen sind mit 49,3 Jahren allerdings etwas älter als ihre männlichen Kollegen (48,8 Jahre). Die Altersverteilung in dieser Stichprobe sieht wie folgt aus:

Abbildung 1: 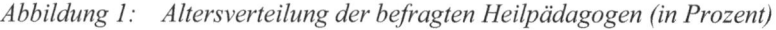 *Altersverteilung der befragten Heilpädagogen (in Prozent)*

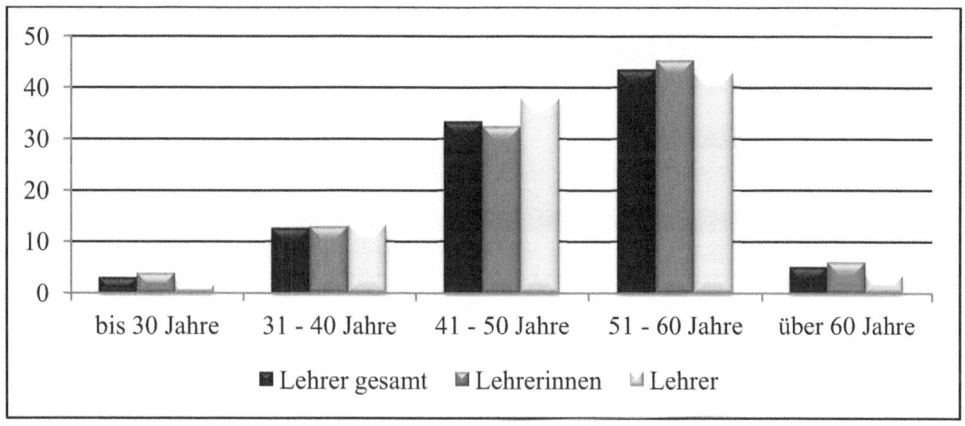

Aus Abbildung 1 ist erkennbar, dass auf die Heilpädagogischen Schulen in Deutschland – ähnlich wie auf die Waldorfschulen – in den nächsten zehn bis 15 Jahren eine Pensionierungswelle zukommen wird, mit der Folge, dass mindestens jeder zweite Lehrer durch eine jüngere Kraft ersetzt werden muss.

Bezogen auf die familiäre Situation geben 49,5 Prozent der Heilpädagogen an, verheiratet zu sein, 24,7 Prozent leben alleine, 19,7 Prozent zusammen mit einem Partner, und zwei Prozent sind verwitwet. Im Vergleich dazu lag der Anteil der Verheirateten an der deutschen Gesamtbevölkerung im Jahre 2009 bei 43,5 Prozent (vgl. Statistisches Bundesamt, 2012a), also deutlich unter dem Anteil der verheirateten Lehrer an den untersuchten Heilpädagogischen Schulen. 72,2 Prozent (N = 143) der an einer Heilpädagogischen Schule tätigen Lehrer haben eines oder mehrere Kinder (durchschnittlich 1,8 im Vergleich zu 1,38 Kindern pro Familie in der Gesamtbevölkerung). 76,9 Prozent derjenigen mit eigenen Kindern geben an, dass diese eine Waldorfschule besucht haben, derzeit eine besuchen oder demnächst eine besuchen werden. Im Vergleich dazu hat die überwiegende Mehrzahl der Befragten als Schüler keine eigenen Erfahrungen mit der Waldorfpädagogik gemacht (lediglich 19,4%). Die jüngeren Lehrer geben allerdings häufiger als die älteren an, sie hätten eine Waldorfschule besucht, was damit zusammenhängen dürfte, dass sich die Zahl dieser Schulen in Deutschland seit 1975 nahezu vervierfacht hat (Hiller, 2007).[2]

1.2 Religionszugehörigkeit und Einstellung zur Anthroposophie

49,5 Prozent der befragten Heilpädagogen sind nach eigenen Angaben konfessionell ungebunden, 49,5 Prozent gehören dagegen einer der in Abbildung 2 genannten Religions- oder Glaubensgemeinschaften an.[3]

Abbildung 2: Mitgliedschaft in einer Religions- oder Glaubensgemeinschaft bei Heilpädagogen und bei Waldorflehrern (in Prozent)

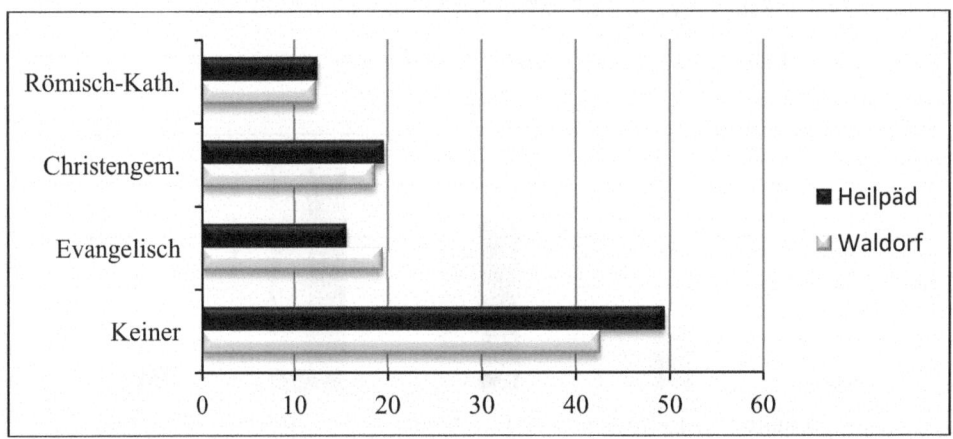

Nach Angaben der Forschergruppe „fowid" stellte sich die Religionszugehörigkeit in der Gesamtbevölkerung Deutschlands im Jahre 2010 anteilsmäßig wie folgt dar: 34,6 Prozent waren konfessionslos, 29,7 Prozent gehörten der römisch-katholischen und 29,6 Prozent einer evangelischen Kirche an, 4,4 Prozent waren Moslems, und 1,7 Prozent bekannten sich

---

[2] Diesbezüglich sind auch die Befunde aus der Absolventenstudie von Barz und Randoll (2007) von Interesse, wonach nur wenige ehemalige Waldorfschüler den Beruf des Lehrers an einer Heilpädagogischen oder einer Waldorfschule ergriffen haben. Demgegenüber lag der Anteil der Waldorfschulabsolventen, die Lehrer an einer öffentlichen Regelschule wurden, deutlich über dem Mikrozensus.

[3] Diejenigen Befragten, die keiner Religionsgemeinschaft angehören, orientieren sich nach eigenen Angaben zu 44,9 Prozent dennoch an einer solchen, und zwar zu 61,4 Prozent an den Inhalten der Christengemeinschaft, zu 15,9 Prozent am Christentum allgemein und zu 9,1 Prozent am Buddhismus.

zu anderen Religionen (beispielsweise zum Buddhismus).[4] Somit liegt der Anteil der Heilpädagogen (vergleichbar dem der Waldorflehrer), der institutionell konfessionell ungebunden ist, deutlich über dem der Gesamtbevölkerung. Bezogen auf die Zugehörigkeit zu einer evangelischen oder zur römisch-katholischen Kirche liegt er hingegen darunter. 19,7 Prozent der an einer Heilpädagogischen Schule tätigen Pädagogen sind zudem Mitglied der Christengemeinschaft.[5]

Eine weitere Frage in diesem Zusammenhang bezog sich auf das Verhältnis zur Anthroposophie. Die Antworten hierzu sind – wiederum im Vergleich mit den Waldorflehrern – in Tabelle 1 wiedergegeben.

Tabelle 1: Verhältnis zur Anthroposophie bei Lehrern an Heilpädagogischen Schulen (H) und an Waldorfschulen (W) (in Prozent)

	H	bis 40 Jahre	41-50 Jahre	51-60 Jahre	> 60 Jahre	W	bis 40 Jahre	41-50 Jahre	51-60 Jahre	> 60 Jahre
praktizierend/ engagiert	35,4	38,7	36,4	32,6	40,0	33,9	28,6	34,4	34,0	49,5
positiv bejahend	33,8	12,9	33,3	43,0	30,0	40,2	39,3	42,0	42,0	28,9
kritisch-sympathisch	24,2	45,2	24,2	17,4	30,0	21,5	26,0	21,2	21,1	17,5
indifferent/ neutral	2,5	3,2	1,5	3,5	–	1,5	2,7	0,9	1,6	2,1
kritisch/ skeptisch	2,5	–	3,0	3,5	–	1,1	1,9	0,8	0,9	1,0
negativ/ ablehnend	–	–	–	–	–	0,1	0,4	0,2	0	0
Mittelwert	2,0	2,1	2,0	2,0	1,9	1,9	2,1	1,9	1,9	1,8

Demnach bezeichnet sich etwa ein Drittel sowohl der heilpädagogischen als auch der Waldorflehrer als engagierte bzw. praktizierende Anthroposophen. Während bei den Lehrern aus den Freien Waldorfschulen in dieser Hinsicht ein deutlicher Alterstrend erkennbar ist (insofern sich die über 50-jährigen der Anthroposophie enger verbunden fühlen als die jüngeren), trifft dies auf die Heilpädagogen nicht in dieser Deutlichkeit zu. Dies dürfte mit der geringen Stichprobengröße zusammenhängen. Für beide Stichproben gilt jedoch gleichermaßen, dass insgesamt nur wenige Pädagogen der Anthroposophie gegenüber indifferent-neutral bis negativ-ablehnend eingestellt sind. Zudem geben etwa 26 Prozent der Befragten aus beiden Stichproben an, Mitglied der Anthroposophischen Gesellschaft zu sein, 11,1 Prozent der Heilpädagogen bzw. 8,8 Prozent der Waldorflehrer sind nach eigenen Angaben Mitglied der Freien Hochschule für Geisteswissenschaft. Erwartungsgemäß trifft beides in beiden Stichproben bedeutend häufiger für die älteren als für die jüngeren Lehrer zu.

Eine weitere Frage zu dieser Thematik betrifft die Bedeutung, welche die Pädagogen der Anthroposophie sowohl in ihrem täglichen Leben als auch im Rahmen ihrer Berufstätigkeit zumessen (siehe Tabelle 2).

---

[4] Vgl. http://www.kirchensteuer.de/node/80

[5] Die Christengemeinschaft ist eine christliche Kirche, die sich als von der Anthroposophie inspirierte, aber selbständige Kultusgemeinschaft versteht. Sie wurde im September 1922 in Dornach (Schweiz) von einer Gruppe von Theologen meist evangelischer Herkunft unter der Leitung von Friedrich Rittelmeyer und mit Unterstützung Rudolf Steiners gegründet.

Tabelle 2: *Antworten auf die Frage „Welche Bedeutung hat die Anthroposophie für Sie ...“ bei Lehrern aus Heilpädagogischen- und aus Waldorfschulen (in Prozent)*

	„... in Ihrem täglichen Leben"		„... in Ihrer Berufstätigkeit"	
	Heilpädagogisch	**Waldorf**	**Heilpädagogisch**	**Waldorf**
sehr hohe	24,7	21,3	29,5	29,4
hohe	41,9	47,2	52,2	52,7
weder/noch	17,2	18,1	11,0	10,8
geringe	14,1	9,1	5,0	4,8
keine	1,0	2,2	0,2	0,2
Mittelwert	2,2	2,2	1,9	1,9

Demzufolge messen die Lehrer aus beiden Stichproben der Anthroposophie im beruflichen Kontext eine höhere Bedeutung bei als im täglichen Leben. Zudem sind die Antworttendenzen zwischen beiden Lehrergruppen in etwa vergleichbar. Auch nimmt der Stellenwert, den die Lehrer in beiden Stichproben der Anthroposophie sowohl in Bezug auf ihr tägliches Leben als auch auf ihren Beruf beimessen, mit der Höhe der persönlichen Bedeutung der Anthroposophie erwartungsgemäß zu.

1.3 Angaben zur beruflichen Situation

Die Gesamtstichprobe der Heilpädagogen differenziert sich nach den unterrichteten Fächern wie folgt:

Abbildung 3: *Verteilung der Antworten auf die Frage „Ich unterrichte mit mehr als der Hälfte meiner aktuellen Stunden in ...“ (prozentuale Häufigkeiten)*

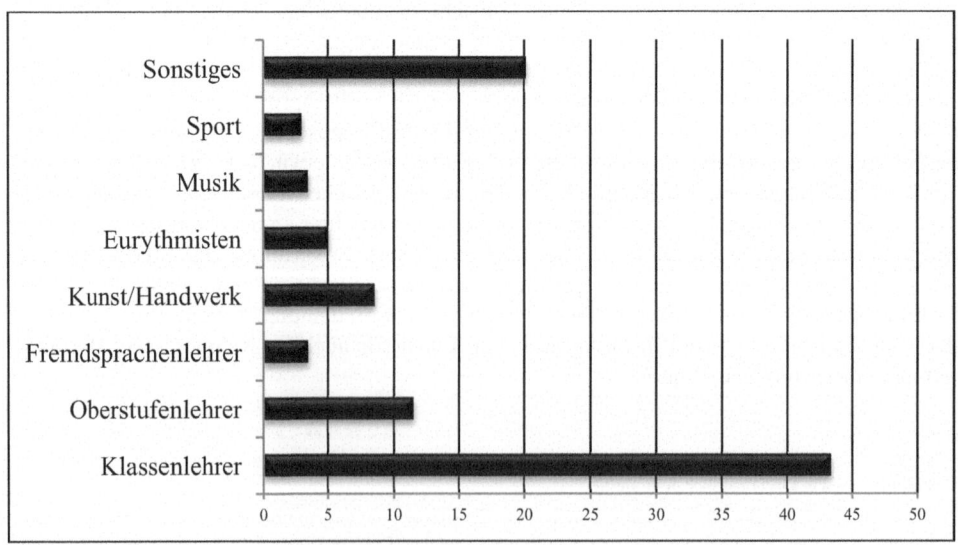

Die Gruppe der Klassenlehrer[6] ist bei den hier befragten Heilpädagogen demnach am stärksten vertreten, gefolgt von den Oberstufenlehrern sowie den Lehrern für Kunst, Handwerk und Eurythmie. Unter „Sonstige" fallen zum Beispiel Gartenbaulehrer oder Lehrer für Ethik/Religion.

In Tabelle 3 ist die Nähe zur Anthroposophie nochmals differenziert nach den unterrichteten Fächern wiedergegeben. Die Lehrer für Eurythmie stehen der Anthroposophie offenbar am nächsten, gefolgt von den Klassenlehrern und den Lehrern für Kunst, Handwerk und Musik. Ein vergleichsweise distanziertes Verhältnis zur Anthroposophie haben hingegen die Sport-, die Oberstufen- und die Fremdsprachenlehrer. Allerdings ist zu bedenken, dass die Teilstichproben zum Teil sehr klein sind.

Tabelle 3: Verhältnis zur Anthroposophie, differenziert nach Unterrichtsfach (in Prozent)

	Gesamt	Eurythmie	Musik	Kunst, Handwerk	Fremdsprachen	Klassenlehrer	Oberstufe	Sport
praktizierend/ engagiert	35,9	80,0	62,5	47,1	42,8	35,3	13,6	–
positiv bejahend	33,8	20,0	–	41,2	28,6	36,5	40,9	33,3
kritisch-sympathisch	24,2	–	37,5	5,9	14,3	24,7	36,4	66,7

Weitere Befunde zur beruflichen Situation der Heilpädagogen sind: Der Anteil der weiblichen Pädagogen ist in den Unterrichtsfächern Fremdsprachen (100%), Klassenlehrer (72,9%) und Eurythmie (76%) besonders hoch. Demgegenüber unterrichten mehr männliche (54,5%) als weibliche Pädagogen (45,5%) in der Oberstufe (vor allem in den Fächern Mathematik, Naturwissenschaften, Deutsch und Geschichte).

33,3 Prozent der Heilpädagogen unterrichten nach eigenen Angaben vorwiegend in der Unterstufe (Klassen eins bis vier), 62,1 Prozent in der Mittelstufe (Klassen fünf bis zehn) und 26,3 Prozent in der Oberstufe. 17,6 Prozent geben dagegen an, Unterricht stufenübergreifend zu erteilen. Zudem arbeiten mehr als die Hälfte (59,1%) in Vollzeit, während 38,4 Prozent nach eigenen Angaben nur ein Teildeputat haben. Dabei ergibt sich die geschlechtsspezifische Tendenz, dass bedeutend mehr männliche (72,1%) als weibliche Befragte (54,9%) ein Volldeputat bzw. weniger männliche (27,9%) als weibliche Pädagogen (44,4%) ein Teildeputat haben, was mit der Doppelbelastung von Familie und Beruf, welche zumeist die Frauen zu bewältigen haben, in Zusammenhang stehen dürfte.

In Abbildung 4 ist der Anteil der Voll- und Teilzeitbeschäftigten nochmals nach den unterrichteten Fächern differenziert dargestellt.

---

[6] Der Klassenlehrer unterrichtet an den meisten Waldorf- und Heilpädagogischen Schulen die Schüler seiner Klasse vom ersten bis zum achten Schuljahr zumeist in acht Fächern. Aus methodischen Gründen werden diese hier jedoch nicht im Einzelnen aufgeschlüsselt.

Abbildung 4: Voll- und Teilzeitbeschäftigte differenziert nach Unterrichtsfach

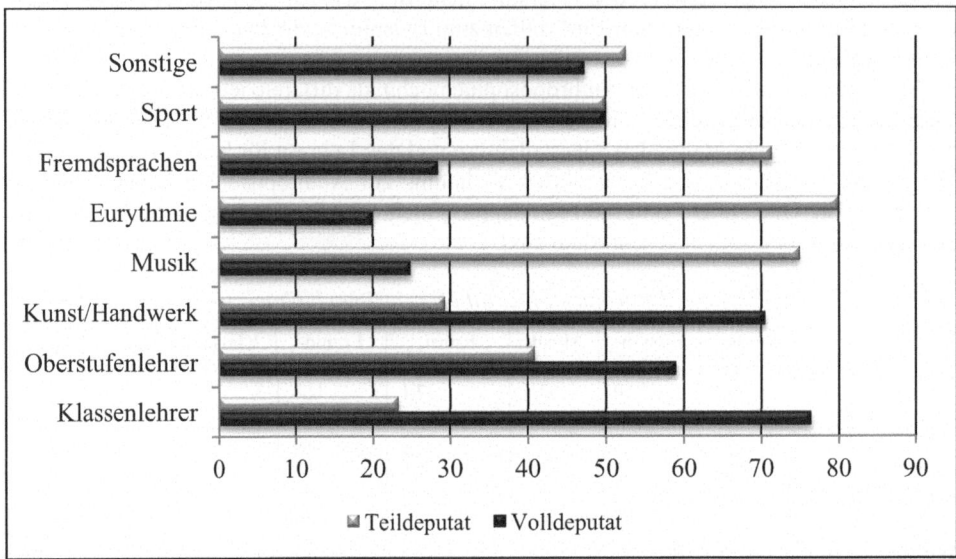

Der vergleichsweise hohe Anteil der Lehrer mit Teildeputat in der Kategorie „Sonstige" ist darauf zurückzuführen, dass es sich dabei in der Regel um Fächer mit relativ geringer wöchentlicher Stundenzahl handelt, die zum Teil von Externen abgedeckt werden (beispielsweise Gartenbau sowie evangelische oder katholische Religion).

In Abbildung 5 ist die Zahl der wöchentlichen Unterrichtsstunden der Heilpädagogen, der Waldorflehrer sowie der in der DIPF-Studie befragten Gesamtschullehrer im Überblick dargestellt.

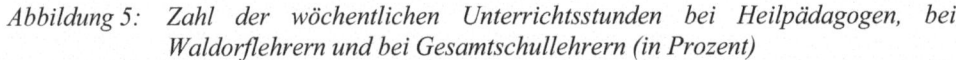

Abbildung 5: Zahl der wöchentlichen Unterrichtsstunden bei Heilpädagogen, bei Waldorflehrern und bei Gesamtschullehrern (in Prozent)

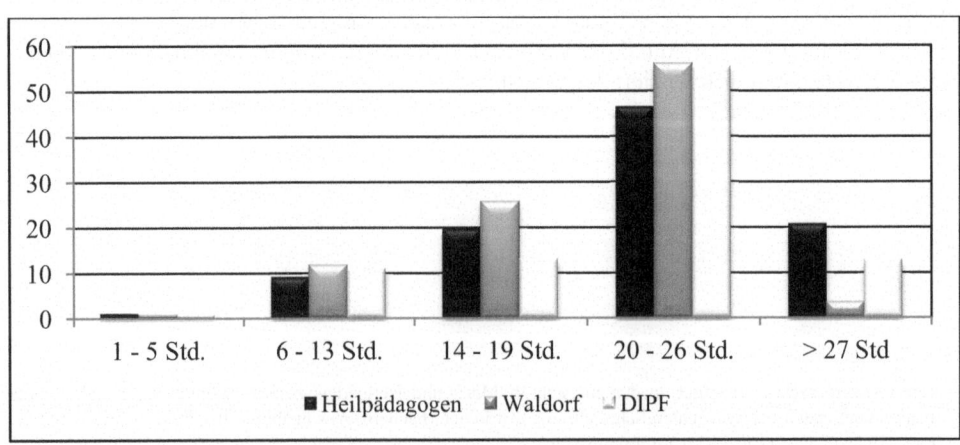

Demnach unterrichten prozentual mehr Waldorf- und Heilpädagogen als Gesamtschullehrer 14 bis 19 Stunden in der Woche, während – im Vergleich zu den Waldorf- und den Gesamtschullehrern – prozentual weniger Heilpädagogen angeben, ein Deputat von 20 bis 26 Wochenstunden zu haben. Demgegenüber geben prozentual mehr Heilpädagogen als Gesamtschul- und Waldorflehrer an, mehr als 27 Wochenstunden Unterrichtsverpflichtung zu haben.

Aus der Verteilung der Unterrichtsverpflichtung in Bezug auf die Anzahl der zu unterrichtenden Klassen/Kurse, Jahrgangsstufen und Schüler geht hervor, dass die in der Studie des DIPF befragten Gesamtschullehrer insgesamt höheren unterrichtsbezogenen Anforderungen ausgesetzt sind als die Heilpädagogen und die Lehrer an den Freien Waldorfschulen. Dies bezieht sich sowohl auf die Anzahl der zu unterrichtenden Klassen und Jahrgangsstufen als auch auf die Zahl der zu unterrichtenden Schüler. Die Größe der Schule (ein-, zwei- oder mehrzügig), das bestehende Lehrer-Schüler-Verhältnis, Besonderheiten in der Pädagogik bzw. im Curriculum, aber auch organisatorische (z. B. Selbstverwaltung) und wirtschaftliche Gründe (z. B. Anteil der Voll- und Teilzeitbeschäftigten) dürften in diesem Zusammenhang von Bedeutung sein.

In Tabelle 4 ist die wöchentliche Unterrichtsverpflichtung der Waldorflehrer nochmals differenziert nach den einzelnen Fächern wiedergeben.

Tabelle 4: Zahl der wöchentlichen Unterrichtsstunden differenziert nach Unterrichtsfach (in Prozent)

Stunden	Gesamt	Klassen-lehrer	Kunst, Handwerk	Musik	Ober-stufe	Fremd-sprache	Sport	Euryth-mie[7]
1 bis 5	0,8	1,2	0,6	–	–	–	–	–
6 bis 13	9,1	0,0	14,1	37,5	22,7	14,3	16,7	30,0
14 bis19	19,7	14,1	21,8	25,0	18,2	14,3	16,7	60,0
20 bis 26	46,5	57,6	59,6	12,5	57,6	71,4	50,0	–
27 und mehr	20,7	27,1	3,8	25,0	18,2	0	16,7	10,0

Klassenlehrer haben demzufolge den größten Anteil an wöchentlicher Unterrichtsverpflichtung zu bewältigen, gefolgt von den Lehrern für Kunst, Handwerk und Musik sowie den Oberstufen- und Fremdsprachenlehrern. Die im Vergleich geringsten unterrichtsbezogenen Verpflichtungen weisen hingegen die Lehrer für Eurythmie auf. Zu bedenken gilt hierbei wiederum die geringe Größe der einzelnen Teilstichproben.

In Abbildung 6 ist die Zahl der Jahre, welche die Befragten (Heilpädagogen und Waldorflehrer) bereits an ihrer gegenwärtigen Schule beschäftigt sind, wiedergegeben. Der größte Anteil der Lehrer aus beiden Stichproben (circa 27%) ist bis zu fünf Jahren an ihrer gegenwärtigen Schule tätig, jeweils in etwa ein Fünftel gibt an, zwischen sechs und zehn Jahren an der Schule zu arbeiten, an der sie sich gerade befinden, und 17,2 Prozent (Waldorflehrer) bzw. 13,1 Prozent (Heilpädagogen) mehr als 21 Jahre.

---

[7] Die Lehrer für Eurythmie haben in den meisten Waldorf- und Heilpädagogischen Schulen ein wöchentliches Deputat von 18 Stunden vereinbart.

Abbildung 6: Dauer der Beschäftigung an der gegenwärtigen Schule (in Prozent)

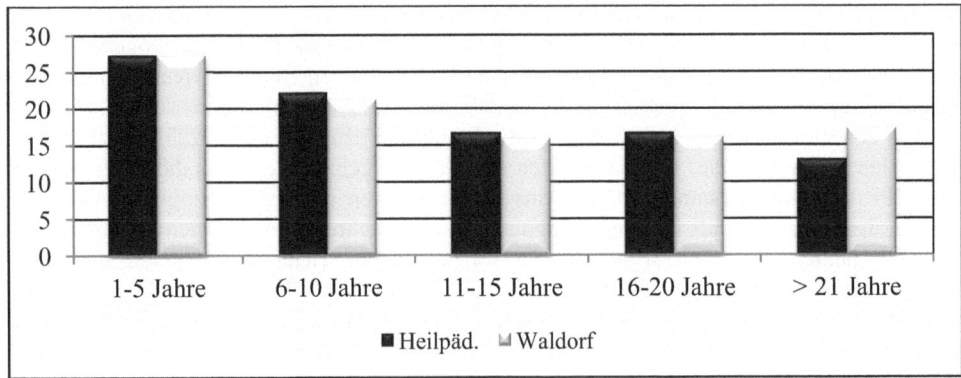

Prozentual mehr Waldorflehrer (84,9%) als heilpädagogische Lehrer (73,2%) arbeiten nach eigenen Angaben in der Schulform oder Schulstufe, für die sie ausgebildet wurden. 47 Prozent der Heilpädagogen gegenüber 25,5 Prozent der Waldorflehrer unterrichten nach eigenen Angaben hingegen fachfremd. Letzteres dürfte vor allem darauf zurückzuführen sein, dass die Personalsituation an den Heilpädagogischen Schulen eng ist und die fachlichen Anforderungen an den einzelnen Lehrer nicht so hoch sind wie an Waldorfschulen und an Regelschulen.

Da sich sowohl die Freien Waldorfschulen als auch die Heilpädagogischen Schulen selbst verwalten, überrascht nicht, dass viele der Befragten aus beiden Stichproben (Heilpädagogen: 39,4%; Waldorflehrer: 45,3%) angeben, dass sie neben ihrer Lehrertätigkeit noch ein Mandat/eine Funktionsstelle ausüben.[8] Dies bezieht sich insbesondere auf Verwaltungsarbeiten (z. B. Delegierter, Aufnahmekreis, Öffentlichkeitsarbeit, Konferenzgestaltung, Personalkreis), auf Leitungsfunktionen im administrativen Bereich (z. B. Schulleitung/Schulführungsgruppe, Schulvorstand, Verwaltungsrat, Konferenzleitung allgemein) sowie auf pädagogische Aufgaben, wie Fachbereichsleiter, Mentor, Abiturbeauftragter oder Prüfungsbeauftragter.

1.4 Schulabschluss und Ausbildung

70,7 Prozent der an einer Heilpädagogischen Schulen tätigen Pädagogen (im Vergleich zu 79% der Waldorflehrer) haben nach eigenen Angaben die Allgemeine Hochschulreife (das Abitur), 12,1 Prozent die Mittlere Reife, 10,6 Prozent die Fachhochschulreife und 4,5 Prozent die Fachgebundene Hochschulreife. Der Anteil der Heilpädagogen mit Abitur nimmt mit dem Alter der Befragten deutlich ab.[9] Erwartungsgemäß liegt der prozentuale Anteil der Lehrer mit Abitur bei den Fächern Eurythmie (50%), Kunst und Handwerk (70,6%) sowie beim Fach Sport unter dem der Klassen- (75,3%), Fremdsprachen- (71,4%) und Oberstufenlehrer (91,3%).

---

[8] Waldorf-Vollzeit: 54,6%; Waldorf-Teilzeit: 34,2%; Waldorf-männlich: 51,4%; Waldorf-weiblich: 42,7%
[9] Bis-40-Jährige: 84,7%, Über-60-Jährige: 70,1%

Die Antworten auf die Frage nach dem/den erlernten Beruf(en) sind in Abbildung 7 wiedergegeben.

Abbildung 7: Von den Heilpädagogen erlernte(r) Beruf(e) (in Prozent; offene Frage, Mehrfachantworten waren möglich)

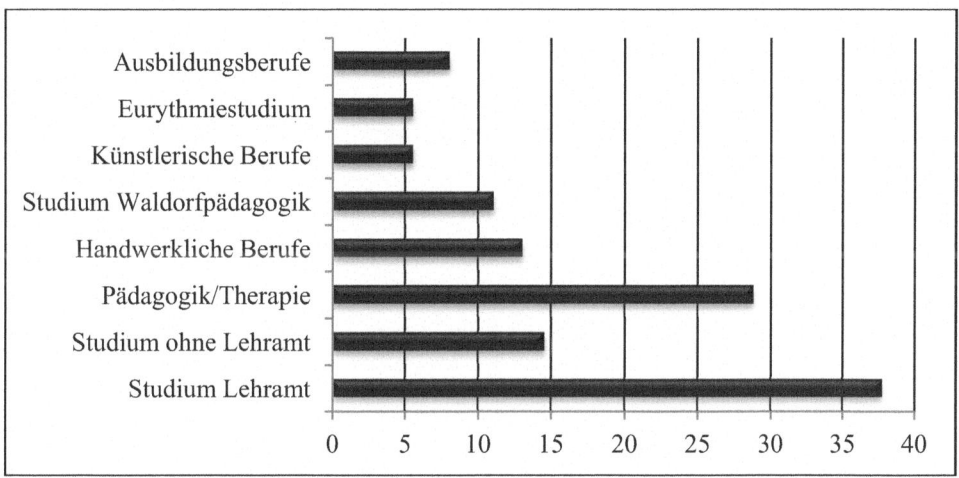

Demnach haben 37,8 Prozent der in dieser Studie befragten Heilpädagogen nach eigenen Angaben ein Lehramtsstudium an einer Hochschule abgeschlossen (7,1% geben explizit an, Lehramt für Sonderschulen studiert zu haben), während 14,6 Prozent einen Studienabschluss in einem Fach ohne pädagogische Ausrichtung vorweisen können (z. B. in Biologie, Agrarwissenschaft oder Betriebswirtschaft). 28,8 Prozent verfügen über eine allgemeine, nicht lehrerspezifische pädagogisch-therapeutische Ausbildung, beispielsweise Erzieher, Heilerzieher, Diplom-Pädagoge, Sozialarbeiter, Krankenpfleger, Kunsttherapeut oder Physiotherapeut. Weitere 13,1 Prozent geben an, eine handwerkliche (z. B. Tischler/Schreiner, Schlosser, Goldschmied, Elektroinstallateur, Gärtner oder Buchbinder) und 5,6 Prozent eine künstlerische Ausbildung (z. B. Design, Malerei, Bildhauerei) durchlaufen zu haben. Zu den so genannten Ausbildungsberufen (8,1%) zählen beispielsweise Bankkauffrau, Buchhändler, Industriekaufmann, Medizinisch-technische Assistentin oder Arzthelferin. Schließlich geben 15,1 Prozent an, sie hätten an einer der vom *Verband der Anthroposophischen Heilpädagogik* bzw. vom *Bund der Freien Waldorfschulen* finanzierten Ausbildungsstätten Waldorf- bzw. Heilpädagogik (dies wurde in den Fragebogen nicht differenziert), und 5,6 Prozent geben an, sie hätten Eurythmie studiert.

In Tabelle 5 sind die Angaben tder befragten Heilpädagogen zu ihrer Ausbildung nochmals differenziert nach den unterrichteten Fächern aufgelistet. Zu bedenken ist hierbei wiederum die geringe Größe der jeweiligen Teilstichproben.

Die Befunde auf die Frage, wo bzw. wie sich die Pädagogen für die Tätigkeit des heilpädagogischen Lehrers qualifiziert haben (Mehrfachantworten waren möglich), sind in Tabelle 6 wiedergegeben. Um diese besser interpretieren zu können, sind einige Vorbemerkungen zur Situation der Ausbildung der Heilpädagogen erforderlich.

Tabelle 5: Art der Ausbildung von Heilpädagogen differenziert nach Unterrichtsfach (in Prozent, Mehrfachantworten waren möglich)

	Universität	Pädagogische Hochschule	Studium Waldorf- bzw. Heilpädagogik	Studium Eurythmie	Ausbildungsberufe	Sonstige Ausbildung
Gesamt	32,8	8,6	54,6	8,6	28,4	36,5
Sport	16,7	16,7	50,0	–	50,0	50,0
Fremdsprachen	42,9	–	100	–	28,6	42,9
Oberstufenlehrer	65,2	4,3	73,9	–	26,1	30,4
Musik	22,2	11,1	55,6	–	22,2	55,6
Klassenlehrer	32,6	9,3	55,8	4,7	23,3	32,6
Kunst/Handwerk	11,8	17,6	47,0	–	47,1	41,2
Eurythmie	10,0	–	10	100	30,0	50,0

Tabelle 6: Qualifizierung zum Lehrer an heilpädagogischen (H) und an Waldorfschulen (W) (in Prozent, Mehrfachantworten waren möglich) nach Geschlecht und Dauer der Ausbildung (Mittelwert in Jahren)

	H	w	m	Jahre	W	w	m	Jahre
Universität	32,8	29,3	39,3	5,19	46,3	44,3	49,9	5,9
Universität plus berufsbegleitende Waldorflehrerausbildung	39,9	40,6	34,4	1,64	29,7	33,9	23,4	2,67
Universität plus Waldorfzusatzausbildung in Vollzeit	14,6	12,8	19,7	2,65	22,1	18,6	27,7	1,51
Berufsausbildung	28,3	25,6	36,1	3,67	21,5	20,9	23,0	3,74
Freie Hochschule Stuttgart	9,6	9,0	11,5	2,12	19,1	15,6	24,9	1,82
Institut für Waldorfpädagogik Witten-Annen	14,1	15,0	11,5	2,88	11,7	11,0	12,7	2,85
Freie Hochschule Mannheim	15,2	15,0	14,8	2,37	10,5	10,5	10,5	1,93
Pädagogische Hochschule	8,6	7,5	11,5	3,47	10,3	11,9	7,7	3,76
Eurythmiestudium	8,6	9,0	8,2	4,27	8,0	10,2	4,9	4,16
Universität plus autodidaktische Waldorflehrerausbildung	7,6	6,8	8,2	5,0	7,2	8,0	6,1	9,23
Eurythmiestudium plus pädagogische Qualifikation	5,6	6,8	3,3	2,44	5,5	7,0	3,2	1,52
Alanus Hochschule Alfter	2,5	1,5	4,9	2,75	2,7	2,9	2,5	3,08
Sonstiges	36,4	36,8	36,1	2,77	23,6	26,3	19,5	3,59

Die meisten der Befragten aus beiden Stichproben haben sich nach eigenen Angaben durch ein Studium an einer staatlichen Universität plus einer waldorf- bzw. heilpädagogischen Zusatzausbildung in Teil- oder Vollzeitseminaren auf die Tätigkeit an ihrer Schule vorbereitet. 28,3 Prozent der Heilpädagogen und 21,5 Prozent der Waldorflehrer geben an, sich im Rahmen einer Berufsausbildung als Lehrer qualifiziert zu haben. In Bezug auf die vom

Bund der Freien Waldorfschulen finanzierten Hochschulen geben 9,6 Prozent der Heilpädagogen und 19,1 Prozent der Waldorflehrer an, an der Freien Hochschule Stuttgart studiert zu haben, 15,2 bzw. 10,5 Prozent an der Freien Hochschule in Mannheim und 14,1 bzw. 11,7 Prozent am Lehrerseminar in Witten-Annen. Die unterschiedliche prozentuale Verteilung zwischen den heilpädagogischen und den Waldorflehrern hängt vor allem mit den unterschiedlichen Angeboten in Bezug auf die heilpädagogischen Inhalte an der jeweiligen Ausbildungsstätte zusammen. So hat die Ausbildung von Heilpädagogen und Heilerziehungspflegern an der Freien Hochschule Mannheim eine lange Tradition, während an der Freien Hochschule Stuttgart der Schwerpunkt der Ausbildung bei der Ausbildung von Waldorflehrerlehrern liegt. Weil es sich bei den Ergebnissen um Mehrfachantworten handelt, lassen sich zudem keine Schlussfolgerungen über die tatsächliche Häufigkeit des Besuches der Befragten an einer der waldorfeigenen Ausbildungsstätten ableiteten.[10] Unter „Sonstiges" subsumieren sich beispielsweise: „Zusatzausbildungen an diversen Waldorflehrerseminaren" (auch im Ausland), „nicht spezifizierbare Aus- und Fortbildungen" (wie Seminare, Kurse, Praktika, Freiwilliges Soziales Jahr und Tagungen), „therapeutisch/künstlerische Ausbildungen" (wie Heileurythmie, Kunststudium, Schauspiel und Musikseminar) sowie „Ausbildungen oder ein Studium an einer Hochschule" ohne Nennung des Fachs. Nicht überraschen dürfte, dass die waldorfeigenen Ausbildungsstätten schwerpunktmäßig von denjenigen Befragten besucht wurden, die der Anthroposophie am nächsten stehen. Zwischen den Alterskohorten zeigen sich in dieser Hinsicht hingegen nur geringe Mittelwertunterschiede.

Die Frage, ob man sich durch die Ausbildung auch hinreichend auf den beruflichen Alltag als Lehrer vorbereitet gefühlt habe, wurde von 55,6 Prozent der Heilpädagogen und von 58 Prozent der Waldorflehrer bejaht und von 40,4 Prozent (Heilpädagogen) bzw. 38,4 Prozent (Waldorflehrer) verneint. Auffallend erscheint, dass sich diejenigen Lehrer am besten auf die schulische Praxis vorbereitet fühlen, die an einer staatlichen Universität studiert, anschließend ein Referendariat durchlaufen und dann ein berufsbegleitendes Waldorfseminar besucht haben (mehr als zwei Drittel).

1.5 Zur wirtschaftlichen Situation der Lehrer an Heilpädagogischen Schulen

Die Mehrzahl der befragten Heilpädagogen (81,8%; Frauen: 79,7%, Männer: 88,5%) sind nach eigenen Angaben wirtschaftlich von ihrem Einkommen als Lehrer abhängig, 15,2 Prozent verneinen dies. Das bedeutet, dass auch viele Teilzeitbeschäftigte auf ihr Gehalt als Lehrer existenziell angewiesen zu sein scheinen. Etwa jeder zweite Heilpädagoge (51,1%) ist nach eigenen Angaben mit seiner Einkommenssituation unzufrieden.

20,2 Prozent der an einer Heilpädagogischen Schule Tätigen geben an, neben ihrem Beruf als Lehrer noch eine andere Erwerbstätigkeit auszuüben (Vollzeit: 14,5%, Teilzeit: 30,3%). Dies gilt noch stärker für Kunst-, Handwerks- und Musiklehrer (34%) sowie für Eurythmisten (28,8%). Genannt werden dabei vor allem (Mehrfachantworten waren möglich): Lehrtätigkeiten (beispielsweise als Dozent oder in der Nachhilfe), Kunst und Musik (z. B. Chorleiter, Pianist oder Künstler), Pflege und Therapie (z. B. Heileurythmist) sowie „Sonstiges" (z. B. Berater, Selbständigkeit, Minijob).

---

[10] Nach Rohloff (2011) qualifizieren sich die meisten Waldorfpädagogen in berufsbegleitenden Seminaren.

Konkret nach den Einkommensverhältnissen gefragt, verdient ein Lehrer an einer Heilpädagogischen Schule nach eigenen Angaben netto (nach Abzug aller Sozialleistungen) 1 693,10 Euro im Monat, bei Vollzeit 1 960,33 und bei Teilzeit 1 309,82 Euro (im Vergleich dazu die Waldorflehrer: Vollzeit: 1 989,40, Teilzeit: 1 323,50 Euro). Es werden also an den Heilpädagogischen Schule vergleichbare Gehälter gezahlt wie an den Waldorfschulen. Da die männlichen Heilpädagogen wöchentlich mehr Unterrichtsverpflichtungen bzw. mehr Volldeputate haben als die weiblichen, liegt ihr monatliches Nettogehalt mit 2 030,55 Euro deutlich über dem der weiblichen (1 536,14 Euro). Im Vergleich dazu verdient eine 35-jährige verbeamtete Lehrerin in Rheinland-Pfalz (Steuerklasse 3, Besoldungsstufe 6, acht Jahre im Dienst) inklusive allgemeiner Stellenzulagen monatlich 2 700 (A12) bzw. 3 040 Euro (A13). Das monatliche Nettogehalt einer angestellten Lehrerin in diesem Bundesland beträgt dagegen 2 330 (A12) bzw. 2 570 Euro (A13), womit es trotz des geringen Alters immer noch deutlich über dem eines Lehrers an einer Heilpädagogischen Schule liegt. Es verwundert deshalb nicht, wenn 61,1 Prozent der Heilpädagogen (im Vergleich zu 77% der Waldorflehrer) der Aussage zustimmen, an ihrer Schule stünde zu wenig Geld für Personalkosten zur Verfügung. Zudem ist nachvollziehbar, dass annähernd jeder fünfte Heilpädagoge neben dem Lehrerberuf noch einer anderen Erwerbsarbeit nachgeht bzw. nachgehen muss (siehe oben).[11]

Ungeachtet dessen präferieren mehr als zwei Drittel der befragten Heilpädagogen (65,2%) weiterhin eine Besoldung nach dem so genannten Gleichwertigkeitspostulat (jeder Lehrer erhält unter besonderer Berücksichtigung seiner familiären Situation und der Übernahme von Sonderaufgaben dasselbe Gehalt), wohingegen sich nur 16,2 Prozent für eine Vergütung in Anlehnung an den öffentlichen Dienst aussprechen. 6,1 Prozent bevorzugen hingegen individuell ausgehandelte Leistungsvereinbarungen.[12] Die relativ starke Befürwortung des Gleichwertigkeitspostulats weist darauf hin, dass der Solidaritätsgedanke in den Lehrerkollegien der Heilpädagogischen Schulen trotz der damit einhergehenden Probleme bei der konkreten Umsetzung noch weit verbreitet ist. Allerdings verdienen einzelne Lehrergruppen zum Teil auch wesentlich mehr, als ihnen an einer öffentlichen Regelschule an Gehalt zustehen würde (z. B. Klassenlehrer ohne Staatsexamen) – und vice versa (z. B. staatsexaminierte Oberstufenlehrer). Rudolf Steiner selbst hat sich seinerzeit für eine leistungsorientierte bzw. am „Wert der Arbeit" orientierte Gehaltsordnung ausgesprochen (Steiner, 1976, S. 15). Vieles spricht deshalb dafür, dass das an den meisten Heilpädagogischen Schulen praktizierte Gleichwertigkeitspostulat ein Relikt aus den 1968er-Jahren ist. Dies trifft auch auf die Waldorfschulen zu.

Weitere Ergebnisse zum Thema Lehrerbesoldung sind: 66,7 Prozent der Heilpädagogen (Waldorflehrer 91,3%) geben an, es gäbe an ihrer Schule eine schuleigene Gehaltsordnung, und 85,6 Prozent (Waldorflehrer 81,8%) sind über die Prinzipien dieser Ordnung nach eigenen Angaben auch gut informiert. Allerdings halten nur 47,7 Prozent der Heilpädagogen (gegenüber 54,4% der Waldorfschullehrer) die an ihrer Schule geltende Gehaltsordnung auch für ausgewogen. 15,2 Prozent der Heilpädagogen und 22,4 Prozent der Waldorfschullehrer stimmen der Aussage zu, dass die Gehaltsordnung an ihrer Schule mindestens alle drei Jahre neu verhandelt wird. Schließlich geben 74,7 Prozent (Waldorflehrer 72,1%) der

---

[11] Durch Zulagen, vor allem für eigene Kinder, kann das Gehalt eines Lehrers an einer Heilpädagogischen Schule im Einzelfall auch über dem eines Regelschullehrers liegen.

[12] Die Frage hierzu lautet: „Wenn Sie frei entscheiden könnten, welche Form der Gehaltsordnung würden Sie als optimal für Ihre Schule und für sich ansehen: . . .?

Heilpädagogen an, dass sie über ihre gesetzliche Altersversicherung hinaus noch über eine schuleigene Zusatzversicherung abgesichert sind.

2 Befragung von Lehrern der Heilpädagogischen Schulen auf waldorfpädagogischer Grundlage – Teil I: Auswertung der offenen Fragen des Lehrerfragebogens

Die offenen Fragen sind Teil eines umfangreichen, 23 Seiten umfassenden Fragebogens für Waldorflehrer, in dem Fragen nach der Motivation, der Arbeitssituation und der Berufszufriedenheit sowie der Belastung von Waldorflehrern gestellt werden. Sie beziehen sich auf das Hauptmotiv dafür, an einer Waldorfschule tätig zu sein, darauf, was den Lehrern an ihrer Arbeit besonders wichtig ist, und schließlich auf die drei größten Herausforderungen an die Waldorfschule in der Zukunft.

Die Fragen nach dem Hauptmotiv und den besonders wichtigen Aspekten finden sich am Anfang, die Frage nach den Herausforderungen am Ende des Fragebogens. Den Befragten stand für die Eingangsfragen jeweils ein Kästchen von 3,6 cm Länge auf der Breite einer Seite zur Verfügung, und für die Frage nach den Herausforderungen in der Zukunft ein doppelt so großes Kästchen. So konnten hier nur verhältnismäßig kurze Antworten gegeben werden, was eine Antwort in Form von Stichworten nahelegt.

Der Fragebogen wurde für allgemeine Waldorfschulen entwickelt und nicht im Hinblick auf die heilpädagogischen Schulen modifiziert. Er wurde an alle Waldorfschulen verschickt, die dem *Bund der Freien Waldorfschulen* angehören, und erreichte damit auch die dort organisierten heilpädagogisch orientierten Schulen. Von diesen beteiligten sich 15 an der Befragung. Für die vorliegende Untersuchung lagen Antworten von 185 Personen vor, wobei die Zahl der Antwortenden je nach Frage zwischen 168 und 181 liegt.

Insgesamt antworteten 184 Personen auf mindestens eine Frage. Da die Fragen die Waldorfpädagogik allgemein thematisieren, legen sie Antworten nahe, die sich auf die allgemein waldorfpädagogischen Aspekte der Lehrertätigkeit richten. Diese Antworten konnten sich jedoch auch auf die heilpädagogische Arbeit der befragten Lehrer und die Grundlagen dieser Arbeit beziehen.

Antwortformat

Im Hinblick auf die Ausführlichkeit der Antworten im Allgemeinen finden wir ein großes Spektrum: Viele Befragte antworten nur mit einem Wort oder mit wenigen Worten, beispielsweise: „Pädagogik, Freiräume" oder „Wertschätzung des einzelnen Menschen", „anthroposophischer Kulturimpuls", „Geld". Die überwiegende Mehrheit verwendet kurze Sätze oder Satzfragmente, wie: „eine Schule mit besonderen Beziehungen zu Schülern zu haben", „Kinder in ihrer Entwicklung hilfreich beistehen" oder „eine menschlich und gesellschaftliche sinnvolle Arbeit zu tun". Einige verwenden ganze und auch längere Sätze, wie: „Der Mensch wird in der Waldorfschule als Ganzes betrachtet und erzogen."

2.1 Das Hauptmotiv, an einer Waldorfschule tätig zu sein (1. Frage)

Die erste Frage bezieht sich auf die Motivation, an einer Waldorfschule tätig zu werden, und fragt explizit nach einem *Haupt*-Motiv: „Was war/ist für Sie das Hauptmotiv, als Lehrer an einer Waldorfschule tätig zu sein?" Von den 185 befragten Personen gaben hierzu 168 eine Antwort.

Anzahl und Typen der geäußerten Motive

Obwohl die Frage sich auf das Hauptmotiv richtete, gaben viele Befragte hier mehrere Motive an, wobei die Grenze in einigen wenigen Fällen nicht einfach zu ziehen ist.[13] So haben 94 Personen nur ein Motiv angegeben, und 73 nennen zwei oder noch mehr Motive. Hierbei fällt auf, dass oft ein allgemeinpädagogisches Motiv mit einem auf die Waldorfpädagogik im Besonderen zielendes Motiv verbunden wird, beispielsweise: „Die Menschenkunde; Die Liebe zu den Kindern".

Andere Antworten, die mehrere Motive beinhalten, nennen typischerweise ein Motiv im Bereich der pädagogischen Ausrichtung (Waldorflehrplan, Menschenbild, Ganzheitlichkeit) zusammen mit dem Hinweis auf den Bereich von Selbstverwaltung und Kollegialität, womit gewissermaßen zwei tragende Elemente der Waldorfpädagogik bezeichnet sind. Auch die dritte, größere Gruppe verbindet Motive miteinander, die zu den Kernanliegen der Waldorfpädagogik gehören, beispielsweise: „einheitliches pädagogisches Konzept von KL. 1-12; großer Anteil an künstlerischen und musikalischen Elementen im Unterricht", oder „die Art und Weise, wie der Stoff vermittelt wird. Menschenkundliches Fundament". Bereits hier wird deutlich, dass die Antworten *individuelle Schwerpunktsetzungen* in einem Gesamtzusammenhang bilden, der einander ergänzende anthropologische, entwicklungspsychologische, methodisch-didaktische und strukturelle Elemente verbindet.

Lesart der Frage

Durch die Verbindung von Gegenwart und Vergangenheit konnte die Frage von den Befragten retrospektiv wie auch auf die gegenwärtige Situation bezogen werden. Bei den meisten Antworten ist nicht sicher zu entscheiden, was gemeint ist, zu vermuten ist aber, dass sie für beide Aspekte gelten, gleichsam im Sinne eines Motivs, das für die Entscheidung für die Waldorfpädagogik entscheidend war und auch immer noch ist. Bei 15 Antworten ergibt sich ein eindeutiger Zusammenhang mit den ursprünglichen Motiven, etwa durch die Verwendung der Vergangenheitsform: „Mein Hauptmotiv war, dass ich es anders machen wollte, als ich es selbst erlebt habe", durch einen deutlichen biographischen Bezug: „Das Erleben meiner Tochter an der Waldorfschule"; „selber Waldorfschüler gewesen zu sein" oder durch den Inhalt der Antwort: „fast Zufall", „es gab keine staatliche Einstellung (ehrlicherweise)".

Im Hinblick auf die Lesart muss auch bedacht werden, dass der Fragebogen für Waldorfschulen allgemein entwickelt wurde und inhaltlich keinen Bezug auf Heilpädagogische Schulen nimmt. Bei der Frage nach dem Motiv, „an einer Waldorfschule tätig zu sein", antworten die heilpädagogischen Lehrer zumeist im Sinne der (allgemeinen) Waldorfpäda-

---

[13] Zum Beispiel bei der Antwort „Ich sehe den Erfolg, das heißt neue Pädagogik, die Kinder altersgemäß fördert und erzicht zu selbständigen Persönlichkeiten" oder „Beitrag zu leisten, dass Menschen eine anständige Erziehung/Ausbildung erhalten. Berufsausübung als Lebensqualitätssinn". Für die Auswertung wurde im zweiten Beispiel der zweite Satz als Explikation des ersten gelesen, so dass hier von einem Motiv ausgegangen wird. Im ersten Beispiel wird der mit „das heißt" beginnende Satz ebenfalls als Ausführung des ersten gelesen, so dass auch hier auf ein Motiv erkannt wird, wenngleich man semantisch auch von drei Aspekten ausgehen könnte, im Sinne von: Die Pädagogik zeitigt Erfolge, sie fördert altersgemäß und auf die Selbständigkeit hin. Derlei Beispiele gibt es aber nur eine Handvoll.

gogik, manche von ihnen aber auch im Hinblick auf ihre spezifische Motivation, heilpädagogisch tätig zu werden. Eine ebenfalls beträchtliche Gruppe bezieht sich auf das Potenzial der Waldorfpädagogik für die individuelle Förderung von Kindern und Jugendlichen, und spezifischer auf die Wirksamkeit der Pädagogik für Kinder und Jugendliche mit besonderem Förderbedarf.

Motive – inhaltlich

Untersucht man die Motive inhaltsanalytisch, so ergibt eine erste Kategorisierung Antworten, welche die Waldorfpädagogik auf verschiedenen Ebenen ansprechen. Viele Antworten zielen auf die Waldorfpädagogik allgemein,[14] auf das sie tragende Menschenbild[15] sowie auf die anthroposophische Orientierung,[16] oder sie enthalten einen expliziten Bezug auf die von Rudolf Steiner entwickelte Menschenkunde und Pädagogik.[17] Hier gibt es vielfältige Überschneidungen, beispielsweise bei den Begriffen *Menschenbild* oder *Pädagogik*, die mit verschiedenen Attributen bezeichnet werden, dabei aber das Gleiche meinen (beispielsweise Pädagogik Rudolf Steiners, Waldorfpädagogik). Dazu können auch biographische Motive gezählt werden, die sich aus der eigenen Waldorfschulzeit, den Erfahrungen mit eigenen Kinder an Waldorfschulen und der eigenen Schulzeit außerhalb des herkömmlichen Schulsystems – gleichsam ex negativo – ergeben und die Waldorfschulpädagogik als Ganze betreffen.[18]

Auf einer konkreteren Ebene werden einzelne Merkmale oder Aspekte der Waldorfpädagogik angegeben, beispielsweise die Ganzheitlichkeit,[19] die Betonung der Künste im Unterricht[20] oder die Akzentuierung der pädagogischen Arbeit als Erziehungskunst,[21] ferner die Orientierung am Entwicklungsstand des individuellen Kindes.[22]

---

[14] Beispielsweise „die Art und Weise der Pädagogik", „die Waldorfpädagogik",„... waldorfpäd. Grundlage", „pädagogische Ausrichtung", „einheitliches pädagogisches Konzept", „die Art und Weise, wie der Stoff vermittelt wird", „auf Grundlage der Waldorfpädagogik", „die neue Pädagogik"

[15] Beispielsweise „Menschenbild", „die besondere menschenkundliche Sichtweise", „menschenkundliches Fundament", „Menschenentwicklungsbild", „menschenkundliche Aspekte"

[16] Beispielsweise „auf der Grundlage der Anthroposophie ...", „anthroposophisches Menschenbild", „anthroposophische Orientierung", „anthroposophische Grundgedanken", „Blick und Erkenntnis aus der Anthroposophie"

[17] Beispielsweise „die Pädagogik Rudolf Steiners", „das Menschenbild Rudolf Steiners", „im Sinne des Rudolf-Steiner-Menschenbildes", „menschenkundliche Grundlagen Rudolf Steiners für den pädagogischen Bereich"

[18] Beispielsweise „ich habe die Schule über meine Tochter kennen gelernt, war fasziniert ...", „mir hat die Waldorfschule schon als Schülerin ... gut gefallen"; „so unterrichten, wie ich früher gern unterrichtet worden wäre"

[19] Beispielsweise „... Mensch als Ganzheit", „die Verbindung von Leib, Seele und Geist im Unterricht", „ganzheitlich und fächerübergreifend zu unterrichten", „denken, fühlen und wollen werden angesprochen im Unterricht", „Kopf, Herz und Hand", „die Pädagogik, die den Menschen ganzheitlich betrachtet ..."

[20] „Die sehr künstlerische Ausrichtung ...", „der Impuls aus der künstlerischen Arbeit ...", „großer Anteil an künstlerischen und musikalischen Elementen im Unterricht", „Schwerpunkt im künstlerischen und musischen Bereich", „junge Menschen künstlerisch bilden", „die künstlerische ... Tätigkeit"

[21] „Herausforderungen im Gestalten können", „Einbringen von Innovation", „Raum für Kreativität, ... kreativ immer neu mit anpacken", „Erziehungskunst statt nur Wissensvermittlung", „das künstlerische Moment in der Arbeit – der Freiraum in der Unterrichtsgestaltung"

[22] „Würdigung der einzelnen Individualität", „Schüler im Mittelpunkt", „den Kindern als Menschen begegnen", „Wertschätzung der einzelnen Menschen", „individuelle Begegnung mit Menschen. ..."

Eine ebenfalls große Gruppe von Antworten thematisiert die miteinander in Verbindung stehenden Bereiche der Selbstverwaltung, der individuellen Autonomie und der Gestaltungsfreiheit des Lehrers[23] sowie der kollegialen Zusammenarbeit im Rahmen der Schule.[24]

Tabelle 7:   Motive, als Lehrer an einer Waldorfschule tätig zu sein

	Anzahl	Prozent
Waldorfpädagogik	35	13,0
Anthroposophie	22	8,9
Menschenbild, Menschenkunde	19	7,7
Bezug zu Rudolf Steiner	10	4,0
Spiritualität	5	2,5
Biographischer Bezug zur Waldorfpädagogik	8	3,2
Entwicklungsorientierung	18	7,3
Ganzheitlichkeit	17	6,9
Beziehungsorientierung	10	4,0
Bedeutung künstlerischen Arbeitens	6	2,4
Bezug zur Erziehungskunst	6	2,4
Pädagogische Atmosphäre	4	1,6
Selbstbestimmung, Autonomie	20	8,1
Kollegiales Arbeiten	10	4,0
Allgemeinpädagogische Motive	19	7,7
Heilpädagogische Motive	9	3,6
Sinnhaftes Tun	3	1,2
Selbstentwicklung	2	0,8
Idealismus	2	0,8
Ökonomische Motive	5	2,5
Fachbezogene Motive	5	2,5
Andere Motive	12	4,9
Gesamt	247	100

Eine weitere Kategorie ergibt sich aus allgemeinen pädagogischen Motiven, beispielsweise der Hinweis auf die Arbeit mit Kindern, der Wunsch, Lehrer zu sein, oder die Freude, mit Kindern und Jugendlichen zu arbeiten und sich mit ihnen auseinanderzusetzen. Als weitere Kategorien wurden gebildet: Motive speziell heilpädagogischen Arbeitens,[25] Motive, die ein spezifisches Fach betreffen,[26] finanzielle Motive, das Motiv der Selbstentwicklung, das

---

[23] Beispielsweise „die Freiheit, den Unterricht zu gestalten", „weitgehend selbstbestimmte ...Tätigkeiten", „Selbstverwaltung, Selbstverantwortung", „... Gestaltungsspielraum", „Freiheit im Umgang mit dem Stoff", „Freiheit in der Unterrichtsgestaltung", „relativ selbstbestimmt arbeiten", „freies Lehren"

[24] Beispielsweise „die Zusammenarbeit innerhalb eines Kollegiums", „die Arbeit mit einem Kollegium, das im Großen und Ganzen die gleichen Ziele und eine ähnliche Weltanschauung hat", „gefühlte Nähe zu Kollegen", „gemeinschaftlich eine Schule tragen", „in einem Team idealistisch motivierter Kollegen"

[25] Beispielsweise „Arbeit mit diesen Schülern", „pädagogisch und therapeutisch tätig sein", „Arbeit mit sogenannten G-Kindern", „den Benachteiligten helfen"

[26] Beispielsweise „meinen Beruf als Eurythmistin ausführen", „mit der Eurythmie wirksam sein", „die Unterrichtsfächer, die ich unterrichten kann, werden an der Waldorfschule besonders geschätzt"

Motiv, eine sinnvolle Arbeit zu tun, das Arbeiten aus Idealismus heraus sowie eine Restgruppe anderer Motive.[27] In Tabelle 7 werden die Kategorien nach der Anzahl ihrer Nennungen und nach Bereichen gruppiert aufgeführt.

Fasst man die anthroposophischen, die allgemein waldorfpädagogischen und die methodisch-didaktischen Aussagen zusammen sowie die Motive, die nur einige wenige Nennungen erfahren haben, ergibt sich folgendes Bild (vgl. Tabelle 8).

Tabelle 8: Motive, als Lehrer an einer Waldorfschule tätig zu sein (Zusammenfassung)

	Anzahl	**Prozent**
Bezug zur Waldorfpädagogik und Anthroposophie	160	64,8
Selbstbestimmung, Autonomie	20	8,2
Kollegiales Arbeiten	10	4,1
Allgemeinpädagogische Motive	19	7,8
Heilpädagogische Motive	9	3,6
Andere Motive	29	11,5
Gesamt	247	100

Diese Zusammenstellung ergibt einen sehr hohen Anteil an Motiven, die mit den Anliegen der Waldorfpädagogik übereinstimmen. Diese werden jedoch auf unterschiedlichen Ebenen formuliert (allgemeines Konzept, einzelne Merkmale, methodisch-didaktisches Vorgehen).

Dieser Anteil wäre noch größer, würde man die Kategorien *Selbstbestimmung, Autonomie* und *Kollegiales Arbeiten* hinzunehmen, da diese ebenfalls zum Konzept der Waldorfpädagogik gehören. Die Antworten in diesen Kategorien werden durchweg auf die pädagogische Arbeit bezogen, sie bilden damit keinen Gegensatz zu den Kategorien *Allgemeinpädagogische Motive* und *Heilpädagogische Motive*. In den letztgenannten Kategorie fehlt lediglich der explizite Bezug zu den Wesensmerkmalen der Waldorfpädagogik. Auf diese wird folglich in 76,9 Prozent aller Antworten Bezug genommen.

Betrachtet man nun die Aussagen hinsichtlich der *Präferenzen*, so konturiert sich das Bild weiter. Präferenzen können leicht bestimmt werden bei Aussagen, in denen nur eine Kategorie angesprochen wird. Bei mehreren Nennungen lassen sich Präferenzen dann recht deutlich erkennen, wenn sie zu einer Kategorie gehören, wenn unter mehreren Nennungen die Mehrzahl einer Kategorie angehört[28] oder wenn sich ein Schwergewicht herauskristallisiert.[29] In den verbleibenden Fällen wurde jeweils die erstgenannte Kategorie gewählt.

Die Darstellung nach Präferenzen bei den Motiven erfolgt in zwei Varianten: In der ersten Variante wurde die unterschiedliche Bezugnahme auf die Arbeit mit den Kindern der Waldorfpädagogik zugeordnet, wenn die Antworteten Begriffe beinhalten, welche die Wal-

---

[27] Beispielsweise „fast Zufall", „das Konzept der Schule X", „ich konnte keine bessere Stelle finden", „viele praktische Tätigkeiten", „gesunde Kultur, Verwaltung und Architektur", „gesellschaftlich sinnvolle Arbeit", „Entwicklungsschritte in Zusammenhängen erforschen", „Herzintegration", „Verbindung von Medizin, Heilpädagogik und Kunsttherapie"

[28] Beispielsweise „das Menschenbild Rudolf Steiners; das Miterleben meines jüngsten Sohnes, der im Waldorf-Kindergarten war und jetzt in der elften Klasse der Freien Waldorfschule ist"

[29] Bei der Antwort „Selbstverwaltung und Menschenbild/Erziehungskunst statt nur Wissensvermittlung" wurde als Präferenz die Kategorie Waldorfpädagogik gewählt, nicht Selbstbestimmung, ebenso bei der Antwort „die Sicht auf die Menschen an sich und in diesem Fall auf die Schüler. Die Schule als solche und das Kollegium – Werte nicht austauschbar mit irgendeiner anderen Schule".

dorfpädagogik charakterisieren und nicht der Kategorie *Allgemein lehrerbezogene Motivation* angehören. Dies betrifft beispielsweise Aussagen, wie: „Kinder altersgemäß unterrichten", was mit der Geltung des altersbezogenen Lehrplans auch für Kinder mit heilpädagogischen Förderbedarf zusammenhängt, oder Aussagen, wie: „Kinder in ihrer Entwicklung hilfreich beistehen, um das zu fördern, was zu [der] jeweiligen Zeit zu entwickeln ist" bzw. „die Begegnung mit dem einzelnen Schüler". In der hier vorliegenden Interpretation werden diese Antworten als *Spezifikation* der Frage, warum man gerade an einer Waldorfschule tätig sein möchte, gewertet. Unter dieser Maßgabe ergibt sich das folgende Bild (Tabelle 9).

Tabelle 9: Motive, als Lehrer an einer Waldorfschule tätig zu sein – nach Präferenzen geordnet – Variante 1

	Anzahl	Prozent
Bezug zur Waldorfpädagogik und Anthroposophie	115	68,4
Selbstbestimmung, Autonomie	13	7,8
Kollegiales Arbeiten	1	0,6
Allgemeinpädagogische Motive	18	10,8
Heilpädagogische Motive	6	3,6
Fachbezogene Motive	5	2,9
Andere Motive	10	5,9
Gesamt	168	100

Nimmt man in einer zweiten Variante die Aussagen, die sich auf die Begleitung von Kindern beziehen,[30] und die allgemein lehrerbezogenen Aussagen zusammen und fasst sie zu einer Kategorie, ergibt sich das folgende Bild (Tabelle 10).

Tabelle 10: Motive, als Lehrer an einer Waldorfschule tätig zu sein – nach Präferenzen geordnet – Variante 2

	Anzahl	Prozent
Bezug zur Waldorfpädagogik und Anthroposophie	92	54,7
Begleitung von Kindern	41	24,4
Selbstbestimmung, Autonomie	13	7,8
Kollegiales Arbeiten	1	0,6
Das heilpädagogische Arbeiten betreffende Motive	6	3,5
Fachbezogene Motive	5	3,0
Andere Motive	10	6.0
Gesamt	168	100

Dabei enthalten die beiden Varianten keinen Widerspruch, sie gehen vielmehr ineinander über. Auf die Frage nach den Motiven dafür, in einer Waldorfschule zu arbeiten, antworten die Befragten auf verschiedenen Ebenen: Sie verweisen auf die Anthroposophie und die Waldorfpädagogik allgemein, auf bestimmte Merkmale dieser Pädagogik sowie darauf,

---

[30] Beispielsweise „die Möglichkeit, den Kindern als Menschen zu begegnen", „mit Kindern gemeinsam etwas entwickeln, das ihrem Entwicklungstand entspricht", „die Achtsamkeit im Umgang mit den Schülern", „der Wunsch, die Kinder tiefer zu verstehen und wesensgemäß zu erziehen"

dass die Waldorfpädagogik es ihnen ermöglicht, auf eine bestimmte Weise mit Kindern zu arbeiten, nämlich entwicklungsorientiert und das Alter berücksichtigend, auf die Individualität des Kindes bezogen und schließlich im Rahmen einer intensiven Beziehung. Nur verhältnismäßig wenige Antworten thematisieren nicht die charakteristischen Merkmale der Waldorfpädagogik. Die fachbezogenen Antworten nennen mehrheitlich die Eurythmie und damit ein für die Waldorfschule spezifisches Fach.

Insofern lässt sich im Sinne von Variante 1 zusammenfassen, dass von den 168 Befragten 134 einen expliziten oder impliziten Bezug zu den Wesensmerkmalen der Waldorfpädagogik herstellen: Grundlagen, Prinzipien und Methoden der Pädagogik auf der einen Seite, die soziale Gestaltung auf der anderen Seite. Dies entspricht einem Wert von 80,3 Prozent.

Dieses Ergebnis bedeutet auf der einen Seite, dass bei den Befragten eine hohe Identifikation mit der Waldorfpädagogik vorliegt. Ihre Motivation, an einer Waldorfschule tätig zu sein, entspricht den Grundlagen und Anliegen der Waldorfpädagogik. Für die Waldorfpädagogik selbst ergibt sich folgendes Bild: Sie ist im Spiegel der Befragten von einem bestimmten Menschenbild getragen und von einer auf diesem Menschenbild aufbauenden Pädagogik mit ihren spezifischen Merkmalen – etwa Ganzheitlichkeit, die Betonung künstlerischer Elemente und die Orientierung an der Individualität des Kindes. Damit wiederum korrespondieren methodisch-didaktische Prinzipien, wie der Epochenunterricht oder die langjährige Begleitung durch den Klassenlehrer. Auch das Element der Autonomie des Lehrers gehört dazu, ermöglicht es diese ihm doch, auf der Grundlage seiner Wahrnehmung des Kindes die entwicklungsanregenden pädagogischen Maßnahmen zu treffen. Selbstbestimmtheit, Selbstverwaltung und Kollegiumsbildung gehören in diesem Sinne zusammen, insofern sie den strukturellen Rahmen der Pädagogik bilden. Die Befragten setzen in diesem Gesamtzusammenhang ihre individuellen Schwerpunkte – etwa indem sie besonders die Spiritualität oder die ganzheitliche Ausrichtung, den intensiven pädagogischen Bezug oder die Möglichkeit selbstbestimmten Arbeitens oder anderes betonen.

Wenngleich die Kategorien auf unterschiedlichen Ebenen angesiedelt sind – Grundlagen, Prinzipien, Merkmale, Methoden usw., so differieren die Antworten nicht nur im Hinblick auf ihre Allgemeinheit. Es sind auch verschiedene Aspekte oder Perspektiven deutlich, die alle zum Grundbestand der Waldorfpädagogik gehören und einen Zusammenhang – man könnte auch sagen – einen Organismus bilden. Nicht alle dieser Merkmale müssen für die Motivation, an einer Waldorfschule zu arbeiten, gleichermaßen relevant sein, auch wenn die häufige Verbindung dieser Kategorien durchaus nahelegt, dass die Befragten hier von einer *Gesamtheit* ausgehen. Für ihre Motivation sind jedoch bestimmte Aspekte oder Elemente dieser Gesamtheit mehr oder weniger maßgeblich.

2.2 Die besonders wichtigen Aspekte der Arbeit an der Waldorfschule (2. Frage)

Mit der zweiten Frage: „Was ist Ihnen an Ihrer Arbeit an der Waldorfschule besonders wichtig?" rückt nun die Tätigkeit im engeren Sinne ins Zentrum. Diese Frage haben 181 von 185 Befragten beantwortet, es ergibt sich somit eine höhere Antwortrate als bei der ersten Frage. Das Spektrum der Antworten nimmt die Kategorien der ersten Frage auf und fügt diesen noch weitere hinzu. Auch auf diese Frage geben einige Lehrer eher allgemeine, das gesamte Konzept oder seine Grundlagen betreffende Antworten, beispielsweise „die

Waldorfpädagogik", „die Anthroposophie" oder „Menschenkunde". Es sind dies jedoch deutlich weniger als bei der ersten Frage, was nicht überrascht: Die meisten Antworten sind entsprechend dem Fokus der Frage konkreter. Weitere Antworten beziehen sich auf die Autonomie, die Selbstverwaltung und das kollegiale Arbeiten sowie auf die unmittelbare Arbeit mit den Kindern. Neu hinzu kommen Antworten, die spezifische *Ziele* formulieren bzw. *Haltungen*, welche die Lehrer für ihre Arbeit als wichtig erachten. Hierzu zählen etwa Antworten wie „der respektvolle, mitmenschliche, achtsame und liebevolle Umgang mit Schülern und Kollegen", „Zuverlässigkeit und Verbindlichkeit", „Phantasie, Motivation, Offenheit . . .", „Achtung, Respekt . . .".

Eine weitere Gruppe bilden Antworten, die Tätigkeiten mit den Kindern ansprechen. Dazu zählen solche, die in ähnlicher Weise bereits auf die Frage nach dem Hauptmotiv, als Lehrer tätig zu werden, gegeben wurden: Sie nennen den Unterricht, die Begleitung und die Förderung der Kinder.[31] Neu hingegen sind Antworten, die Erfahrungen oder Eigenschaften benennen, die man den Kindern ermöglichen möchte. Beispiele hierfür sind „dass sie . . . zu selbstbewussten Menschen werden", „Gestärkte Menschen in die Welt *entlassen* zu können", „Vermittlung von Lebensfreude, Akzeptanz, Mitgefühl, Lernwille", „Selbstvertrauen und Lebensfreude der Schüler stärken", „Freude am Arbeiten vermitteln". Zu den schülerbezogenen Antworten gehören auch die Wirkungen, die durch ein spezifisches Fach, in diesem Fall die Eurythmie, erzielt werden können, sowie die Möglichkeit, mit den Kindern auf künstlerischer Ebene zu arbeiten. Ebenfalls erwähnt werden die Elternarbeit und andere Ziele.[32] Wie auch bei der ersten Frage, geben viele Befragte mehr als eine Antwort. Die Gesamtübersicht ergibt die in Tabelle 11 dargestellte Verteilung.

Die größte Gruppe bilden Antworten, die sich auf die Arbeit mit den Kindern beziehen. Verhältnismäßig hoch ist auch der Anteil der Haltungen, die die Grundlage der auf die Kinder bezogenen Tätigkeiten bilden. Bemerkenswert ist zudem der Anteil der Antworten, die spezifische Erfahrungen von Kindern thematisieren. Diese Kategorien werden unten noch weiter aufgeschlüsselt.

---

[31] Beispiele hierfür sind: „die Schüler entsprechend ihrem Lebensalter mit entsprechenden Inhalten zu unterrichten", „Schüler ihre Fähigkeiten entlocken und zu fördern", „mit den Kindern arbeiten – unter Berücksichtigung des anthroposophischen Menschenbildes", „auf die Kinder/Schüler eingehen", „einen vertrauensvollen Kontakt mit den Kindern aufzubauen", „. . . dass ich sie in ihrer Entwicklung so unterstütze, dass sie ihre Möglichkeiten entfalten".

[32] Zu Letzteren gehören: „das besondere Bild des Menschen mit Behinderung", „Gestaltung von kleinen Projekten für die Jahresfeste – mit den Schülern der Schulgemeinschaft", „gemeinsames Sprechen von Gebeten und Sprüchen", „Forscherhaltung gegenüber Tatsachen und Wahrheiten", „Sinngebung", „die Arbeit sollte mir liegen".

Tabelle 11: Besonders wichtige Aspekte der Arbeit an der Waldorfschule

	Anzahl	Prozent
Begleitung und Förderung der Kinder	114	35,8
Selbstverantwortung, Gestaltungsfreiheit	50	15,7
Lehrerbezogene Haltungen	40	12,6
Kindern Erfahrungen vermitteln	26	8,2
Bezug zur Gemeinschaft	25	7,9
Arbeit mit den Eltern	8	2,5
Waldorfpädagogik	7	2,2
Künstlerisches Arbeiten mit den Kindern	7	2,2
Bezug zur Anthroposophie	7	2,2
Erziehung als Kunst	7	2,2
Menschenkunde	5	1,6
Spiritualität	4	1,3
Pädagogische Atmosphäre	4	1,3
Bezug zur Pädagogik Rudolf Steiners	3	0,9
Wirksamkeit des Faches	2	0,6
Andere	9	2,8
Gesamt	318	100

Auffällig ist auch der hohe Anteil der Antworten im Bereich der Selbstverantwortung. Typische Formulierungen sind hier etwa „Raum für Eigeninitiative und Mitgestaltung", „Freie Gestaltungsmöglichkeit", „Selbstbestimmtes Arbeiten", „Umsetzung eigener Ideen im Unterricht" und „Unabhängiges Arbeiten". Dabei stehen diese Aussagen oft in Zusammenhang mit anderen: so etwa im Sinne der Freiheit, sich auf die aktuellen Bedürfnisse der Kinder zu beziehen, die Gestaltungsmöglichkeit in Verbindung mit der Erziehungskunst oder die Freiheit, auf dem Hintergrund der Menschenkunde tätig zu sein. Die Selbstbestimmung wird damit als eine Voraussetzung angesehen, auf die Entwicklungsbedürfnisse der Kinder und auf ihre Individualität einzugehen. Auch wird die Freiheit der Pädagogik mit der gemeinsamen kollegialen Verantwortung für die Kinder gekoppelt.

Antworten im Hinblick auf die Zusammenarbeit der Lehrer werden oft mit einer besonderen Bezugnahme verbunden: Dazu gehört zum einen der Zusammenhang von Kindern, Eltern und Kollegen im Sinne der Schulgemeinschaft, wie dies in folgenden, beispielhaften Antworten zum Ausdruck kommt: „ein gepflegter und intensiver Umgang mit Schülern, Eltern und Kollegen", „die Intensität der Auseinandersetzung mit Schülern/Inhalten/Kollegen" oder „der Austausch unter Kollegen, Eltern und Schülern". Eine weitere Verbindung besteht in dem gemeinsamen Bemühen um das Verständnis und die Begleitung der Kinder, beispielsweise: „gemeinsames Ringen um das Kind", „in Zusammenarbeit mit den Kollegen für die Kinder Raum zu schaffen, in dem sie glücklich sein, lernen können", oder „Kinderbesprechungen im Kollegium". Eine dritte Verbindung richtet sich auf die waldorfpädagogischen und anthroposophischen Grundlagen als gemeinsamen Hintergrund: „das gemeinsame pädagogisch-anthroposophische Menschenbild", „gemeinsam auf den Grundlagen der Waldorfpädagogik mit Kollegen zusammen arbeiten".

Die Antworten im Hinblick auf die Waldorfpädagogik, die Menschenkunde und die Anthroposophie wiederum erscheinen in vielen Fällen nicht als ein Bekenntnis, sondern vielmehr als eine *Aufgabe*. Dies illustrieren die folgenden Beispiele: „Umsetzung und immer wieder kritische Beleuchtung der Waldorfpädagogik", „mit der Menschenkunde sich befassen ... und diese täglich einzubinden", „die Pädagogik für die Kinder umsetzen", „Waldorfpädagogik individuell dem Kind entsprechend zeitnah umsetzen", „Arbeit an den Grundlagen vor allem der Menschenkunde". Mit diesen Formulierungen wird ein Prozess der Erarbeitung, Übertragung und Weiterentwicklung der waldorfpädagogischen Grundlagen angesprochen – nicht die Selbstvergewisserung über ein bloßes System von Überzeugungen. Dies bestätigt sich auch darin, wie häufig spezifische, von den Lehrern formulierte *Haltungen* angeführt werden. Diese Haltungen erst bilden die Grundlage für die Verwirklichung der Waldorfpädagogik. In Tabelle 12 sind die Antworten in folgende Bereiche thematisch gegliedert.

- Pädagogische Tätigkeiten, Haltungen und Ziele
- Selbstverwaltung und Kollegiumsbildung
- Waldorfpädagogik und Anthroposophie
- Elternarbeit
- Andere

Antworten, die sich auf pädagogische Tätigkeiten sowie auf Haltungen und Ziele beziehen, bilden die größte Gruppe (N = 189, gleich 59%), die zweitgrößte Gruppe umfasst Antworten, welche die Autonomie des Lehrers, die Selbstverwaltung und das gemeinschaftliche Arbeiten (N = 75, gleich 23,6%) betreffen, die dritte schließlich die Grundlagen der Waldorfpädagogik in ihren verschiedenen Aspekten (N = 37, gleich 11,6%).

Tabelle 12: Besonders wichtige Aspekte der Arbeit an der Waldorfschule – thematisch gruppiert

	Anzahl	Prozent
Aktivitäten des Lehrers	114	35,8
Lehrerbezogene Haltungen	40	12,6
Kindern Erfahrungen vermitteln	26	8,2
Künstlerisches Arbeiten mit den Kindern	7	2,2
Wirksamkeit des Faches	2	0,6
Selbstverantwortung, Gestaltungsfreiheit	50	15,7
Bezug zur Gemeinschaft	25	7,9
Waldorfpädagogik	7	2,2
Bezug zur Anthroposophie	7	2,2
Erziehung als Kunst	7	2,2
Menschenkunde	5	1,6
Spiritualität	4	1,3
Pädagogische Atmosphäre	4	1,3
Bezug zur Pädagogik Rudolf Steiners	3	0,9
Arbeit mit den Eltern	8	2,5
Andere	9	2,8
Gesamt	318	100

Im Folgenden werden die auf das Kind bezogenen Tätigkeiten des Lehrers, die Haltungen, die diese Tätigkeiten begleiten sollen, und die erhoffte Wirksamkeit in Bezug auf die Kinder im Einzelnen aufgeführt. Die pädagogische Arbeit betont die Begegnung mit den Kindern sowie ihre entwicklungsgerechte, bedürfnisorientierte und individualisierte Förderung. Diese Aspekte werden zu nahezu gleichen Anteilen genannt. Die weiteren Antworten richten sich allgemeiner auf die Förderung und Stärkung der Kinder bzw. auf die pädagogische Arbeit als solche (vgl. Tabelle 13).

Tabelle 13: Besonders wichtige Aspekte der Arbeit an der Waldorfschule: kindbezogene Ziele/Aktivitäten des Lehrers

	Anzahl	Prozent
Dialogisches Arbeiten	31	25,0
Entwicklungsgerechtes Arbeiten	25	20,2
Eingehen auf die Bedürfnisse der Kinder	25	20,2
Eingehen auf die Individualität der Kinder	25	20,2
Förderung und Stärkung der Kinder	13	10,4
Allgemeinpädagogische Zuwendung	5	4,0
Gesamt	124	100

Diese Orientierung der Arbeit erfordert die Ausbildung von spezifischen Haltungen, die in Tabelle 14 einzeln aufgeführt sind.

Das Ziel, die Kinder in ihrer Entwicklung und ihrer Persönlichkeit zu fördern, konkretisieren einige der Befragten auch anhand spezifischer Erfahrungen oder Eigenschaften, deren Herausbildung man bei den Kindern anregen oder unterstützen möchte (vgl. Tabelle 15).

Zusammengenommen ergibt sich hier ein Zusammenhang von *Tätigkeiten* des Lehrers, *Haltungen*, die diesen Tätigkeiten zugrunde liegen (sollten), und *Erfahrungen*, welche die Lehrer bei den Kindern anregen möchten. Dabei handelt es sich nicht um spezifische *waldorfpädagogische* Haltungen, vielmehr sind im Urteil der Lehrer die waldorfpädagogischen Grundlagen eine Hilfe dabei, die pädagogische Arbeit auf diese Ziele hin zu orientieren und die damit verbundenen Haltungen zu erreichen.

Gleichzeitig bedarf die Waldorfpädagogik bestimmter Haltungen, damit sie als solche weiterentwickelt und auf die Kinder hin individualisiert werden kann. Insgesamt lässt sich sagen, dass hinsichtlich der Tätigkeiten und der sie ermöglichenden Haltungen ein *hoher Anspruch* formuliert wird. Dies bestätigt sich auch bei den Zielen, die für die Kinder erreicht werden sollen, oder besser gesagt: die Erfahrungen, welche die Kinder in dieser spezifischen Entwicklungsumgebung im Urteil erreichen können. Die hier formulierten Ziele sind eindeutig auf die Entwicklung der *Persönlichkeit* bezogen, im klassischen Sinne auf das schulische Lernen bezogene Ziele hingegen werden nicht erwähnt – hier geht es eher um den *Innenraum des Lernens*: die Freude am Lernen, das Entdecken der eigenen Potenziale und das damit einhergehende Selbstvertrauen und Selbstbewusstsein im Prozess des Lernens. Doch die Erfahrungen, die bei den Schülern angestrebt werden, beziehen sich über das schulische Lernen hinaus auf ihren *Stand im Leben*. Dies wird durch Formulierungen deutlich wie „Lebenssicherheit" und „Lebensfreude" erwerben, dass ihnen „Hilfe für den Lebensweg..." gegeben wird und sie „... ihre Möglichkeiten entfalten und zu selbstbewussten Menschen werden".

Tabelle 14: Besonders wichtige Aspekte der Arbeit an der Waldorfschule: den Lehrer betreffende Haltungen

	Anzahl
Respekt und Wertschätzung	6
Selbstreflexion	3
Offenheit	4
Freude, Begeisterung	4
Kreativität, Phantasie, Einfallsreichtum	4
Lebendigkeit	3
Humor, Leichtigkeit	2
Gelassenheit	1
Sicherheit	1
Wandlungsfähigkeit	1
Verbindlichkeit	1
Zuverlässigkeit	1
Liebe	3
Mitgefühl	1
Bewusstheit für die Kinder	1
Authentizität	1
Forschende Haltung	1
Selbsterziehung	1
Ökonomisches Arbeiten	1
Motivation	1
Gesamt	41

Tabelle 15: Besonders wichtige Aspekte der Arbeit an der Waldorfschule: kindbezogene Ziele/Erfahrungen der Kinder

	Anzahl
Freude am Lernen	5
Potenziale entdecken	4
Selbstvertrauen, Selbstbewusstsein	3
Sicherheit	2
Soziale Kompetenz	1
Glück	1
Vertrauen	1
Handlungsfähigkeit	1
Lebensfreude	2
Bezug zur Lebenswelt	1
Wohlergehen	1
Mitgefühl	1
Akzeptanz	1
Gesamt	24

Damit erweitern die Antworten auf die zweite Frage das Bild der Waldorfpädagogik im Spiegel der Lehrer: Auf den anthropologischen und entwicklungspsychologischen Grundlagen bauen die methodisch-didaktischen Prinzipien auf, diese aber bedürfen spezifischer Haltungen, damit die allgemeinen Prinzipien – Ganzheitlichkeit, Entwicklungsgemäßheit oder Individualisierung – tatsächlich für das individuelle Kind wirksam werden. Diese Haltungen, wie auch die meisten der allgemeinen Prinzipien, verfolgt nicht nur die Waldorfpädagogik. Was jedoch die Waldorfpädagogik – folgt man den Antworten – auszumachen scheint, ist ein Zusammenhang von Grundlagen, methodischen Prinzipien, Haltungen und Lernzielen, die gemeinsam mit ihren strukturellen Rahmenbedingungen einen Organismus bilden, der die Annahme dieser Haltungen und das Verfolgen der Ziele fördert. Der einzelne Lehrer kann hier jedoch seine individuellen Schwerpunkte setzen, was sich auch an der Vielfalt der Antworten zeigt. Dabei erscheinen auch die anthropologischen Grundlagen und die pädagogischen Leitgedanken keine fixierten Theorien oder Überzeugungen zu bilden, sie bedürfen vielmehr der Erarbeitung, Individualisierung und Weiterentwicklung. Die waldorfpädagogische Arbeit bezieht im Urteil der Lehrer ihre Legitimation daraus, dass mit ihrer Hilfe die auch in anderen (heil-)pädagogischen Kontexten vertretenen Ziele der Individualisierung sowie der Orientierung am Entwicklungsstand und den Bedürfnissen der Schüler erreicht werden können. Eine besondere Betonung erfahren hierbei diejenigen Ziele, die auch die Persönlichkeit des Kindes und des Jugendlichen im Auge haben, als Vorbereitung auf seinen Lebensweg.

2.3 Die größten Herausforderungen an die Waldorfschule in der Zukunft (3. Frage)

Während die beiden ersten Fragen in ihrem Schwerpunkt recht ähnlich sind, setzt die dritte Frage nach den Herausforderungen an die Waldorfschule in der Zukunft einen neuen Akzent. Auch hier ist zu bedenken, dass nach der Waldorfpädagogik allgemein und nicht nach der Waldorf-Heilpädagogik gefragt wird, und dies manifestiert sich auch in den Antworten. Obwohl nach drei Herausforderungen gefragt wird, nennen die meisten Befragten nur eine Herausforderung, manche auch zwei. Dabei werden viele der Aspekte genannt, die schon in den Antworten auf die ersten beiden Fragen betont wurden. Hier wird deutlich, dass es darum geht, an den Kerninhalten der Waldorfpädagogik weiterzuarbeiten. So werden im Spektrum der Antworten die Weiterentwicklung und die Stärkung des waldorfpädagogischen Ansatzes sowie die Arbeit an den anthroposophischen Wurzeln genannt, ebenso wie die Arbeit an den Strukturen der Selbstverwaltung und der Kollegiumsbildung. Weitere Antworten betreffen die finanzielle Situation, die Gewinnung neuer Lehrer und die Öffentlichkeitsarbeit. Schülerbezogene Aufgaben werden ebenfalls genannt, und auch die Herausforderung durch den Leitgedanken der Inklusion. Eine sehr große Gruppe von Antworten befasst sich mit der Herausforderung, das Eigene zu wahren und gleichzeitig den Erfordernissen der Zeit gemäß zu arbeiten und offen zu sein. Die Antworten werden in Tabelle 16 thematisch gruppiert.

Tabelle 16: Die größten Herausforderungen an die Waldorfschule in der Zukunft

	Anzahl	Prozent
Stärkung und Weiterentwicklung des Waldorfkonzepts	24	13,6
Bezug zur Anthroposophie	16	9,1
Spiritualität wahren	3	1,7
Künstlerische Ausrichtung stärken	3	1,7
Zeitgemäß sein	23	13,1
Offen sein	17	9,8
Das Eigene wahren	9	5,1
Selbstverwaltung	7	4,0
Kollegiumsbildung	7	4,0
Schülerbezogene Herausforderungen	13	7,3
Gewinnung neuer Lehrer	11	6,3
Finanzielle Herausforderungen	7	4,0
Inklusion	7	4,0
Öffentlichkeitsarbeit	4	2,2
Andere	25	14,1
Gesamt	176	100

Die hier genannten Herausforderungen richten sich nach innen wie nach außen. Bei den Antworten der größten Gruppe, die explizit die Waldorfpädagogik als Gesamtheit und den Umgang mit der Anthroposophie betreffen (46 Antworten, gleich 26,12%), liegt der Schwerpunkt auf Vertiefung, Weiterentwicklung und Neugestaltung. Nicht wenige Antworten fordern die Wahrung der waldorfpädagogischen Orientierung, das heißt die Besinnung auf die anthroposophischen Wurzeln, und benennen die Gefahr einer Verwässerung, durch die es soweit kommen könnte, dass sich die Waldorfschulen zu *Staatsschulen mit besonderem Profil* entwickeln. Dabei sehen die Befragten Gefahren von innen wie von außen: So werde die Waldorfschule in vielen Aspekten kopiert und zugleich durch äußere Eingriffe und Entwicklungen, wie das achtjährige Gymnasium oder die zentralen Prüfungen, bedrängt. Problematisch erscheint auch die finanzielle Knappheit infolge mangelnder staatlicher Refinanzierung. Im Hinblick auf die Situation der Waldorfschulbewegung werden ebenfalls Herausforderungen oder Probleme benannt: fehlende Flexibilität und eine Inselmentalität sowie die Gefahr, die Substanz der Waldorfpädagogik und die damit einhergehende Identität zu verlieren.

Eine ebenfalls große Gruppe von Antworten benennt diese Herausforderungen in allgemeinen Formulierungen, die sich den Kategorien *Wahrung der Identität* und – gleichsam komplementär – *Offenheit* und *Zeitgemäßheit* zuordnen lassen. Die häufigsten Antworten formulieren hier die Verbindung von Polaritäten: zeitgemäß und offen sein, und zugleich die eigene Identität wahren und weiterentwickeln. Beispielhafte Formulierungen sind die folgenden: „Ausgewogenheit zwischen eigenen Überzeugungen/Profil und allgemeinen Anforderungen, Bedingungen", „mit der Zeit gehen, ohne der Ideale untreu zu werden", „die Idee Rudolf Steiners neu zu ergreifen und für die heutige Zeit umzusetzen", „die waldorfpädagogischen Grundgedanken gemäß den berechtigten Zeiterfordernissen immer wieder neu zu bedenken und zu gestalten". Nimmt man die Kategorien *Stärkung und Weiterentwicklung des Waldorfkonzeptes, Bezug zur Anthroposophie, Spiritualität wahren, Künstle-*

rische Ausrichtung stärken, die alle Kerngedanken der Waldorfpädagogik ansprechen, und die im Grunde dasselbe meinende Kategorie *Das Eigene wahren* zusammen, so wird diese Herausforderung 52 Mal genannt – wobei hier keine Doppelnennungen vorliegen. Diese bildet mit einem Drittel der Antworten die größte Gruppe.

In diesem Zusammenhang ist auch die Gewinnung neuer Lehrer zu nennen, die an den Impuls anknüpfen: „gut ausgebildete, junge und motivierte Waldorflehrer finden", „gut motivierte und ausgebildete Lehrer zu finden" und „. . . ausgebildete Lehrer in Waldorfpädagogik". Nimmt man diese hinzu, dann thematisieren 63 Befragte (35,8%) als größte Herausforderung die Wahrung der waldorfpädagogischen Identität (vgl. Tabelle 17).

Tabelle 17: Die größten Herausforderungen an die Waldorfschule – Kategorien die Grundlagen betreffend

	Anzahl
Stärkung und Weiterentwicklung des Waldorfkonzepts	24
Bezug zur Anthroposophie	16
Spiritualität wahren	3
Das Eigene wahren	9
Gewinnung neuer Lehrer	11
Gesamt	63

Stellt man dieser Gesamtheit die gleichsam *ergänzende* Herausforderung – Offenheit und Zeitbezug – gegenüber, so erreichen diese eine beinahe gleich große Zahl: 49 Antworten (27,8%). Diese Antworten thematisieren die Herausforderung, offen und zeitgemäß zu sein. Diese betrifft sowohl allgemeine gesellschaftliche als auch fachbezogene Entwicklungen.[33]

Die Verbindung von *Bewahrung und Entwicklung der waldorfpädagogischen Identität* und *Zeitgemäßheit* wird in einzelnen Antworten thematisiert, die beiden Kategorien werden auch mit Abstand am häufigsten und in beinahe gleicher Anzahl genannt. Zusammen genommen ergeben sie 102 Nennungen (57,9%).

Die schülerbezogenen Herausforderungen (13, gleich 7,3%) weisen in zwei Richtungen: Zum einen nennen Lehrer allgemeine pädagogische Aufgaben, wie „Entwicklungsbegleitung", „die Kinder da abholen, wo sie sind" und „Respekt", zum anderen sind es Herausforderungen, die durch Veränderungen in der Situation der Schüler entstehen: „Veränderung der Schülerklientel", „Durchlässigkeit der Kinder", „heutige Schüler brauchen kleine Klassen" oder „Lebensraum für Schüler mit schwachen häuslichen Strukturen" sind neue Ansprüche an die Lehrer.

Die Äußerungen zur Selbstverwaltung (sieben, gleich 4,0%) fordern eine Struktur, die effektiv ist und die Kräfte nicht überfordert, die das Kollegium betreffenden Herausforderungen (sieben, gleich 4,0%) thematisieren Zusammenarbeit, Gemeinschaftsbildung und den Umgang mit Konflikten. Das Thema Inklusion wird verhältnismäßig selten angesprochen (sieben, gleich 4,0%). Die anderen Äußerungen behandeln, diejenigen zur Öffentlichkeitsarbeit ergänzend, die gesellschaftliche Akzeptanz der Waldorfpädagogik, die Ver-

---

[33] Entsprechende Formulierungen hier sind einerseits: „mit der Zeit gehen", „sich an der Entwicklung der Gesellschaft zu orientieren die moderne Didaktik nicht verschlafen", und andererseits: „gegenüber anderen Schulen konkurrenzfähig zu bleiben", „die waldorfpädagogischen Grundgedanken gemäß der berechtigten Zeiterfordernissen immer wieder neu zu bedenken und zu gestalten", „Anpassung an neue Unterrichtsformen".

gleichbarkeit mit den staatlichen Schulen und „die Kopie der Waldorfschule durch andere Schulen" sowie besondere Herausforderungen, wie die Aufgabe der Kleinkindbetreuung, das Abitur nach zwölf Jahren, das achtjährige Gymnasium und eine bessere Gestaltung der Oberstufe. Manche dieser Antworten – aber auch andere – verweisen unmittelbar darauf, dass die Befragten hier im Sinne der Waldorfpädagogik allgemein geantwortet haben. Bemerkenswert ist zudem, dass der weitaus größte Teil der Befragten nur eine Herausforderung benennt. Woran dies liegt, ist nur zu vermuten. Vielleicht hat es auch damit zu tun, dass es sich hier um die letzte Frage der offenen Fragen eines insgesamt sehr umfangreichen Fragebogens handelte.

2.4 Zusammenfassende Betrachtung

Nimmt man die Antworten auf die Fragen eins bis drei zusammen, so fallen erhebliche Überschneidungen auf, die sicher auch ihrer zum Teil ähnliche Ausrichtung geschuldet sind. Zu allen Fragen etwa gibt es zahlreiche Antworten in Richtung der Grundlagen der Waldorfpädagogik oder der Begleitung der Kinder. Da die Möglichkeit bestand, mehr als eine Antwort zu geben, bestand die Gelegenheit, über die drei Fragen hinweg unter leicht veränderter Perspektive die eigenen Motive in Verbindung mit der Waldorfpädagogik und ihre wesentlichen Herausforderungen zu beschreiben. Bis auf eine befragte Person haben sich alle Befragten mindestens zu einer Frage geäußert. Fasst man in diesem Sinne alle Aussagen einer Person zusammen und beschränkt sich auf die Kategorien, die überdurchschnittlich oft genannt werden, so ergibt sich das in Tabelle 18 dargestellte Bild.

Tabelle 18: Kategorien, die von den einzelnen Befragten im Hinblick auf alle Fragen genannt werden (Mehrfachantworten möglich, N = 184)

	Anzahl	Prozent
Waldorfpädagogik: Grundlagen, Methodik und Didaktik	148	80,4
Auf die Arbeit mit den Kindern bezogene Kategorien	122	66,3
Selbstverwaltung, Selbstbestimmung	74	40,2
Zusammenarbeit, Kollegiums- und Gemeinschaftsbildung	43	23,5

Dies bedeutet, dass 148 Personen (80,4%) ihre Motivation oder die wesentlichen Herausforderungen in der Waldorfpädagogik und ihren Grundlagen sehen, eine ebenfalls sehr hohe Anzahl formuliert die Begleitung der Kinder im allgemeinen Sinn und im Hinblick auf die waldorfpädagogischen Grundsätze (66,3%), 74 Personen thematisieren Fragen der Selbstbestimmung und Selbstverwaltung (40,2%), und 43 (23,5%) die Gemeinschaftsbildung. Auch hier wäre es möglich, diese beiden Kategorien zusammenzufassen (siehe oben), womit sich annähernd drei große Motiv- und Themenzusammenhänge ergeben: die Waldorfpädagogik und ihre Grundlagen (80,4%), die Begleitung der Kinder (66,3%) und die Verbindung von Autonomie, Selbstverwaltung und Kollegiumsbildung (63,7%).

Gesamtdiskussion

Die Antworten auf die offenen Fragen ergeben eine hohe Identifikation der Befragten mit den Kernanliegen der Waldorfpädagogik. Nimmt man die Antworten jedes einzelnen Befragten zusammen, so thematisieren mehr als vier Fünftel der Befragten wesentliche

Merkmale der Waldorfpädagogik oder diese insgesamt als ihr Motiv dafür, an einer Waldorfschule zu arbeiten, als besonders wichtig für ihre konkrete Arbeit oder als denjenigen Bereich, dem die Herausforderungen der Zukunft gelten. 40 Prozent der Befragten betonen ihre persönliche Autonomie und die schulische Selbstverwaltung, und beinahe ein Viertel nennt die Kollegiumsbildung und das gemeinschaftliche Arbeiten. Nimmt man diese beiden Bereiche als zwei Seiten einer Medaille zusammen – sie werden auch häufig gemeinsam formuliert – so betonen beinahe zwei Drittel der Befragten den Zusammenhang von Selbstbestimmung, Selbstverwaltung und Gemeinschaftsbildung. Ebenfalls zwei Drittel der Befragten thematisieren über die drei Fragen hinweg die Arbeit mit den Kindern.

Herausforderungen

Angesichts dieses Schwerpunkts ist es bemerkenswert, dass im Urteil der Lehrer diese Bereiche *nicht* gleichermaßen den Herausforderungen der Zukunft gegenüberstehen. Sie werden hier zwar alle genannt, jedoch in sehr unterschiedlicher Gewichtung. Die mit Abstand meisten Befragten sehen insbesondere die Waldorfpädagogik in ihrer Gesamtheit oder in ihren Aspekten gefordert. Dabei scheint der sich stellende Anspruch gleichsam ein polarer zu sein: Es geht darum, die eigenen Grundlagen zu wahren und weiterzuentwickeln, die eigene Identität zu wahren und sich treu zu bleiben. Auf der anderen Seite aber ist die Waldorfpädagogik im Urteil der Lehrer aufgerufen, sich zu öffnen und zeitgemäß zu arbeiten. Dies ist für die Befragten keineswegs ein Widerspruch, sondern es sind sich ergänzende Herausforderungen, was sich auch darin zeigt, dass beide Aspekte oft in ein und derselben Antwort miteinander verbunden werden. Die Notwendigkeit, sich die eigenen Grundlagen sowohl zu eigen zu machen als auch diese in Verbindung mit den gegenwärtigen Entwicklungen in Gesellschaft und Pädagogik zu bringen, wird durch Hinweise auf die Notwendigkeit einer überzeugenden Öffentlichkeitsarbeit, die Probleme im Bereich der Finanzierung und die kritische Auseinandersetzung mit gesellschaftlichen und bildungspolitischen Entwicklungen ergänzt. Auch die Effektivität der Strukturen und die kollegiale Arbeit werden genannt, allerdings in einem weitaus geringeren Ausmaß. Ebenfalls bemerkenswert erscheint die seltene Nennung des Themas Inklusion als Herausforderung für die Zukunft.

Andere Punkte, die in Diskussionen in Zusammenhang mit der Waldorfpädagogik häufig zu hören sind, werden nicht oder höchstens das eine oder andere Mal erwähnt. Hierzu gehören Konflikte im Kollegium, die Arbeit mit dem sozialen Umkreis der Kinder und besonders auch das Thema der Arbeitsbelastung. Letzteres wird nur ein einziges Mal erwähnt. Es fragt sich hier, ob diesen Fragen keine Priorität eingeräumt wird oder ob es sich um einen Effekt handelt, der durch den Fragebogen selbst hervorgerufen wird. Denn die Frage nach den Herausforderungen für die Zukunft wird gestellt, nachdem die Befragten schon zahlreiche Fragen zum Thema Arbeitsbelastung, kollegiale Zusammenarbeit und Schulklima beantwortet haben. Dagegen spricht, dass diese Fragen immer auf die eigene Situation oder diejenige der eigenen Schule hin gestellt werden, die Frage nach den Herausforderungen jedoch die Waldorfpädagogik im Allgemeinen betrifft. Gleichwohl ist eine Art Kontrasteffekt denkbar. Dies mindert allerdings nicht die zentrale Bedeutung der Aussagen, welche die wesentliche Herausforderung für die Zukunft in der Bewahrung und zugleich der Weiterentwicklung der zentralen Intentionen der Waldorfpädagogik sehen. Hier, wie auch in den anderen Antworten, zeigt sich ein *dynamisches Verständnis der Waldorfpädagogik*. Es handelt sich um eine Pädagogik, die individuell erarbeitet und weiterentwickelt werden muss. Dies zeigt sich auch in der Beantwortung der anderen Fragen.

Die Waldorfpädagogik im Spiegel der Antworten

In den Antworten erscheint die Waldorfpädagogik als ein Gesamtzusammenhang von Grundlagen, Prinzipien, einer didaktischen Ausrichtung und spezifischen Methoden. Diese korrespondieren mit bestimmten Haltungen und Zielen sowie einer Organisationsstruktur, die pädagogische Autonomie und eine Gemeinschaftsorientierung miteinander verbindet. Hierbei handelt es sich um sich gegenseitig tragende Elemente: Selbstbestimmung muss in ein kollegiales Miteinander eingebunden sein, die individuelle Ausrichtung auf das Kind erfordert einen gemeinsamen Blick, die waldorfpädagogische Methode entfaltet ihre Wirksamkeit erst dann, wenn sie von einem Kollegium geteilt wird. Man könnte hier von einem *Prinzip der Synthese* sprechen, da es oft um die Verbindung von Polaritäten geht, sowie von einem *lebendigen Zusammenhang* oder *Organismus*. Im Rahmen dieser Gesamtheit formulieren die Befragten Motive, die ihre individuelle Anknüpfung daran manifestieren. Wenngleich der Gesamtzusammenhang präsent ist, nennen sie ein spezifisches Motiv, das für sie maßgeblich ist. Dies kann in der spirituellen Ausrichtung oder der Anthropologie liegen, in bestimmten Merkmalen der Pädagogik oder in besonderen Schwerpunkten, wie etwa der Kunst. Hier zeigt sich eine *Individualisierung* innerhalb eines gemeinsamen Rahmens, die mit einer hohen Identifikation einhergeht.

Folgt man den Aussagen über den Umgang mit der Waldorfpädagogik, so verweisen die Antworten immer wieder auf den Entwicklungsaspekt hin: Es scheint sich für die Befragten weniger um eine Reihe von Überzeugungen oder Prinzipien zu handeln, vielmehr geht es ihnen darum, sich die Pädagogik zu erarbeiten, sie weiterzuentwickeln und immer wieder auf das individuelle Kind zu beziehen, wobei auch den gesellschaftlichen Entwicklungen mit ihrer Wirkung auf die Kinder Rechnung getragen werden muss. Es geht also um eine Pädagogik, die sich nur in einer *dynamischen Entwicklung* und im *Dialog mit dem individuellen Kind* entfalten kann.

Dies erfordert die Ausbildung bestimmter *Haltungen* und einer auf das Kind hin ausgerichteten *Wahrnehmungsfähigkeit*. Die von den Lehrern in ihrer Arbeit als wichtig erachteten Haltungen werden auch in anderen pädagogischen und heilpädagogischen Zusammenhängen als wichtig erachtet, ebenso wie die Orientierung der pädagogischen Arbeit, die dem Entwicklungsstand sowie den Bedürfnissen und Potenzialen des individuellen Kindes entsprechen soll. Die Antworten auf die ersten beiden Fragen zeigen eine Wechselbeziehung: Die anthropologischen Grundlagen der Waldorfpädagogik und die von ihr getragene Entwicklungstheorie ermöglichen es den Lehrern, diese Haltungen auszuüben und ihre Arbeit in die beschriebene Richtung hin zu orientieren. Andererseits braucht es diese Haltungen aber auch, um eine unbefangene und offene Wahrnehmung jedes einzelnen Kindes und seiner Situation zu gewinnen. Auch hier kommt wieder der für die Waldorfpädagogik charakteristische Zusammenhang von anthropologischen Grundlagen, pädagogischen Prinzipien und inneren Haltungen zum Ausdruck, der dem Lehrer zwar einen beträchtlichen Freiraum einräumt, zu dessen Entfaltung er gleichwohl die Unterstützung des Kollegiums braucht.

Die pädagogischen Ziele, wie sie sich aus den Antworten der Lehrer ergeben, richten sich in hohem Maß auf die Persönlichkeit der Schüler und deren Motivation, etwas zu lernen: Es geht um Freude am Lernen, um Selbstwirksamkeit und das Erleben der eigenen Potenziale. Doch darüber hinaus sprechen nicht wenige Antwortenden den zukünftigen Stand des Kindes in seinem Leben an: seine soziale Kompetenz, sein Selbstvertrauen, seine Lebenssicherheit. Man kann diese Ziele als anspruchsvoll bezeichnen und zudem von einem großen pädagogischen Optimismus sprechen.

Bemerkenswert an den Antworten ist die völlige Abwesenheit von – im engeren Sinne – schulischen Zielen, die sich auf bestimmte Tätigkeiten oder Fächer, auf bestimmte Leistungen oder auf das Wissen beziehen. Begriffe wie Leistung, Wissen oder Kenntnisse kommen in den Antworten nicht vor. Im Zentrum steht dagegen die Entwicklungsbegleitung der Persönlichkeit, die an die Pädagogen hohe Ansprüche stellt.

Vergegenwärtigt man sich, wie sehr die Antworten einen *Gesamtzusammenhang* abbilden, so wird ein weiterer Aspekt deutlich, den man im Sinne einer Äquivalenz beschreiben könnte. So fällt auf, dass die Haltungen, um die sich die Lehrer bemühen, oder der Handlungsraum, den sie für sich beanspruchen, eine Entsprechung in den Haltungen und Erfahrungen findet, die sie bei den Kindern anregen wollen. Dies betrifft etwa Haltungen wie Offenheit, Selbstreflexion, Freude und Kreativität oder die Tatsache, dass die Entwicklung der Kinder verbunden wird mit der Entwicklung der Lehrerpersönlichkeit. Der Anspruch einer *Erziehung zur Freiheit* findet damit seine Entsprechung in der Betonung des Freiraumes, den die Lehrer für sich beanspruchen.

3 Befragung von Lehrern der Heilpädagogischen Schulen auf waldorfpädagogischer Grundlage – Teil II: Interpretation der geschlossenen Fragen des Lehrerfragebogens

Der Fragebogen für Waldorflehrer beinhaltet Fragen zu folgenden Bereichen:

1. Motive, Ziele, Unterricht
2. Schulklima
3. Kommunikationsverhalten und kollegiale Zusammenarbeit
4. Evaluation und Qualitätssicherung
5. Fragen zur Eltern(mit)arbeit und zur Lehrer-Eltern-Kommunikation
6. Berufszufriedenheit
7. Arbeitsbezogenes Verhalten und Erleben
8. Persönliche Arbeitszeitgestaltung
9. Belastungserleben
10. Bewältigungserleben
11. Fragen zum Gesundheitszustand
12. Fragen zur Gehaltsordnung, Führungsstruktur und Altersversorgung
13. Fragen zur beruflichen Situation und zur Person

Die meisten dieser Bereiche wurden mit Hilfe von Aussagen abgefragt, die auf einer vierstufigen Skala bewertet werden mussten: 1 – trifft voll zu, 2 – trifft eher zu, 3 – trifft eher nicht zu, 4 – trifft gar nicht zu.

Die hier vorgenommene Interpretation der Antworten der heilpädagogischen Lehrer knüpft zunächst an wesentliche Ergebnisse der offenen Fragen an und untersucht die Antworten auf die geschlossenen Fragen hinsichtlich der in den offenen Fragen angesprochenen Bereiche.

Ausgehend von den Antworten auf die offenen Fragen wurden folgende Bereiche ausgewählt:

- Der Umgang mit schulischer Leistung
- Die Beziehung zu den Schülern
- Die Qualität des Unterrichts
- Die Einstellung zur Waldorfpädagogik
- Die Einstellung zur Anthroposophie
- Kommunikation und soziale Beziehungen
- Führung und Selbstverwaltung
- Die Zusammenarbeit mit den Eltern
- Belastung, Zufriedenheit und Selbstwirksamkeit
- Bewältigung und Ressourcen
- Finanzielle Aspekte

3.1 Der Umgang mit schulischen Leistungen

In der Interpretation der offenen Fragen ergab sich eine starke Betonung von Zielen, die sich auf die Förderung der Schülerpersönlichkeit richten, leistungsbezogene Ziele dagegen wurden nicht erwähnt. Stimmt dies mit der Beantwortung der geschlossenen Fragen zum Thema Leistung in der Schule überein? Diese Fragen thematisieren die Leistungen der Schüler und die Leistungsanforderungen durch die Lehrer, das Erleben von Konkurrenz in der Klasse, die Übereinstimmung hinsichtlich der Leistungskriterien im Kollegium und die diesbezüglichen Auffassungen der Eltern (vgl. Abbildung 8).

Abbildung 8:   Aussagen zum Thema Leistung

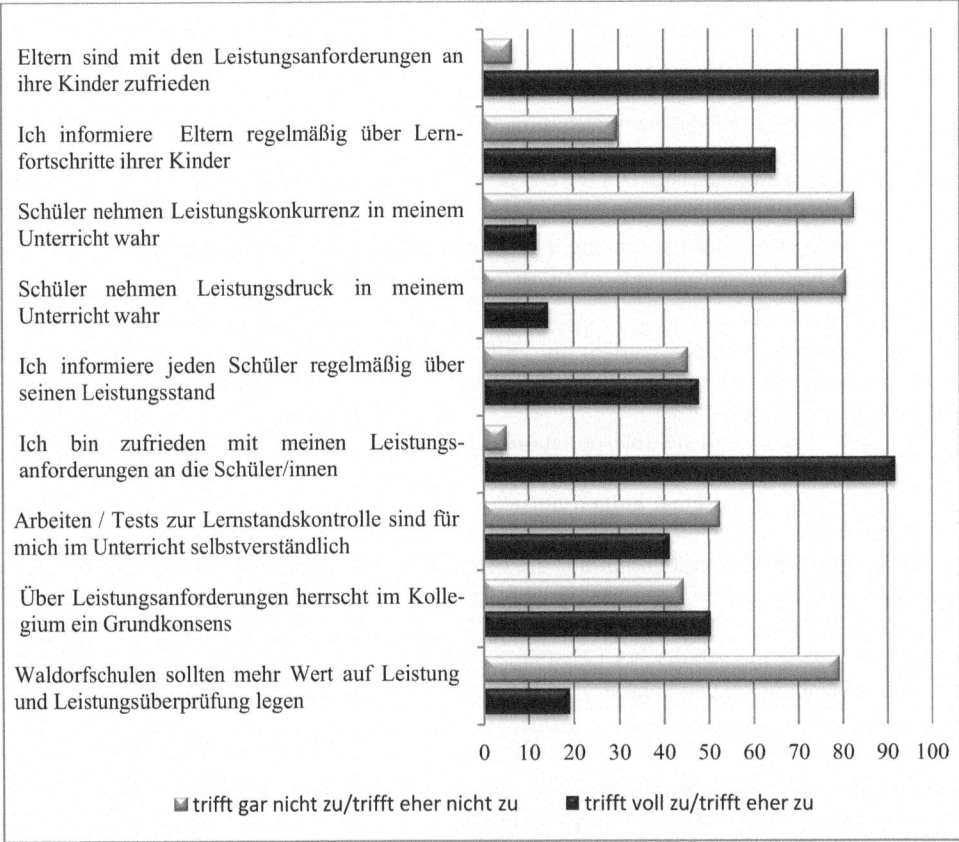

Die heilpädagogischen Lehrer haben in hohem Maße den Eindruck, dass ihre Schüler nicht unter Leistungsdruck stehen und sich nicht in Konkurrenz zueinander befinden. Mit den Leistungsanforderungen an die Schüler sind sie in sehr hohem Maße zufrieden, und in der weit überwiegenden Mehrzahl sind sie nicht der Auffassung, dass die Waldorfschulen mehr

Wert auf Leistungsüberprüfung legen sollten. Weniger als die Hälfte der Lehrer verwenden regelmäßige Aufgaben und Tests zur Lernstandskontrolle der Schüler, und sie informieren die Schüler regelmäßig über ihrem Leistungsstand. Gleichwohl geben zwei Drittel der Lehrer an, die Eltern regelmäßig über die Lernfortschritte der Kinder zu informieren. 88,4 Prozent der Befragten sind der Ansicht, dass die meisten bzw. viele Eltern mit den Leistungsanforderungen, die an ihre Kinder gestellt werden, zufrieden sind. Die Aussagen hinsichtlich des Konsenses im Kollegium über Leistungsanforderungen an die Schüler ergeben kein klares Bild: Hier scheinen entweder Meinungsverschiedenheiten vorzuliegen, oder diese Frage wird nicht gemeinsam erörtert. Im Übrigen ist der Umgang mit Leistungen bei den Schülern nicht zugleich ein Ausweis mangelnder Fachkompetenz: 90,9 Prozent halten sich für ausreichend kompetent, und nur 5,6 Prozent stellen die eigene Fachkompetenz in Frage.

Diskussion

Bemerkenswert sind hier unterschiedliche Aussagen hinsichtlich „Leistungsanforderungen", „Lernstandskontrollen" und „Lernfortschritten". Abgesehen von den unterschiedlichen Kontexten scheinen die Lehrer in ihrer Mehrheit der Auffassung zu sein, dass sie sich über die Lernfortschritte ihrer Schüler auch ohne regelmäßig erhobene Tests und Aufgaben zur Lernstandskontrolle ein Bild machen können und dass sie auch in der Lage sind, entsprechende Leistungsanforderungen zu stellen. Damit wird der eigenen Urteilsbildung in diesem Feld eine hohe Bedeutung und ebenso eine große Reichweite eingeräumt. In den Aussagen hinsichtlich Konkurrenz und Leistungsdruck wird die Bereitschaft deutlich, die Kinder hinsichtlich ihrer Leistungen nicht miteinander zu vergleichen, sondern jedes Kind – und jeden Jugendlichen – als seinen eigenen Maßstab anzusehen. Denkbar ist auch, dass die Lehrer auf regelmäßige Informationen zum Leistungsstand entweder überhaupt oder nur bei einer Reihe von Kindern verzichten, weil dies in ihren Augen auch eine demotivierende Wirkung haben könnte.

Hinsichtlich der Aussagen zum Thema Leistung finden sich signifikante Unterschiede zwischen heilpädagogischen Lehrern und Waldorflehrern (vgl. Randoll, 2013). So setzen Waldorflehrer Arbeiten zur Lernstandskontrolle in weit höherem Maße ein als heilpädagogische Lehrer (63,6% gegenüber 41,4% für ‚trifft voll zu' und ‚trifft eher zu'; 34,8 gegenüber 52,5% für ‚trifft eher nicht zu' und ‚trifft gar nicht zu' – p<0,1) und sie informieren die Schüler häufiger über ihren Leistungsstand (55,5% gegenüber 48,0% für ‚trifft voll zu' und ‚trifft eher zu'; 43,6% gegenüber 45,5% für ‚trifft eher nicht zu' und ‚trifft gar nicht zu' – p<0,5). Waldorflehrer sind zudem weitaus stärker der Auffassung, dass auf Leistungsüberprüfung mehr Wert gelegt werden sollte (28,6% gegenüber 19,2% für ‚trifft voll zu' und ‚trifft eher zu'; 70,7% gegenüber 79,3% für ‚trifft eher nicht zu' und ‚trifft gar nicht zu – p<0,1). Ein doppelt so hoher Prozentsatz der Waldorflehrer wie der heilpädagogischen Lehrer sieht seine Schüler unter Leistungsdruck stehend (28,5% gegenüber 14,6% für ‚trifft voll zu' und ‚trifft eher zu'; 69,8% gegenüber 80,8% für ‚trifft eher nicht zu' und ‚trifft gar nicht zu' – p<0,1).

Bei diesen Unterschieden ist jedoch im Blick zu behalten, dass beide Gruppen im Hinblick auf den Umgang mit schulischen Leistungen eine ähnliche Position vertreten. Insgesamt bestätigen die Antworten hier eine Tendenz, die auch die Interpretation der offenen Fragen ergibt: Auch wenn die Lehrer sich zutrauen, dass sie den realen Leistungsstand der

Schüler kennen, wird das Thema Leistung *als solche* im Unterricht nicht besonders betont und der Leistungsstand wird nur in eingeschränktem Maße eigens erhoben.

3.2 Die Beziehung zu den Schülern

Die Analyse der Antworten auf die offenen Fragen hatte die überragende Bedeutung der Beziehung zwischen Lehrern und Schülern im Urteil der Lehrer deutlich gemacht. Der weitere Fragebogen enthält zahlreiche Items, welche diese Beziehung aus verschiedenen Perspektiven ansprechen.

Abbildung 9: Aussagen zur Lehrer-Schüler-Beziehung

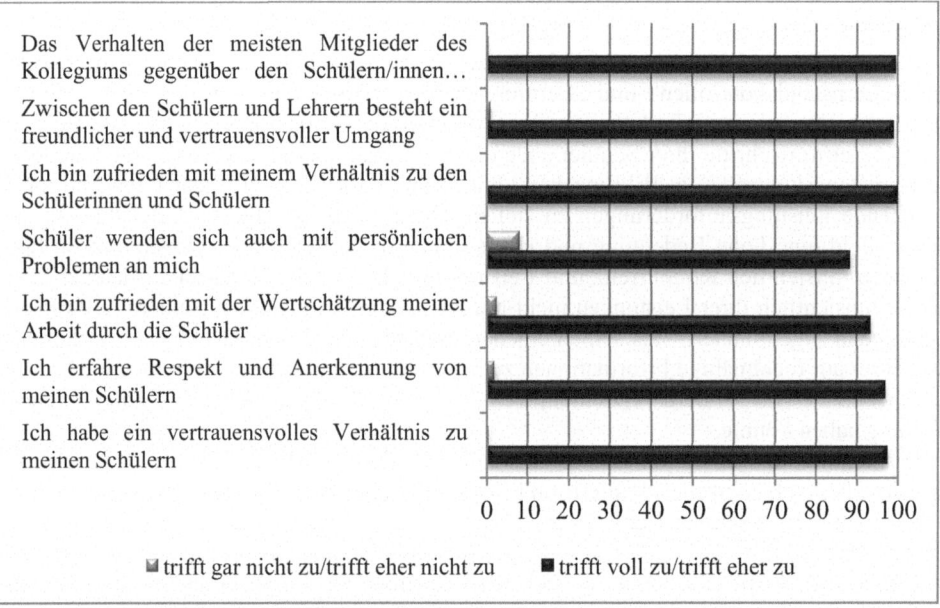

Die überragende Bedeutung der Beziehung zwischen Lehrern und Schülern bestätigt sich in den durchgängig maximal hohen Werten, die eine vertrauensvolle und respektvolle Beziehung zwischen Lehrern und Schüler beschreiben. Diese Bewertung wird auch auf das Kollegium in seiner Gesamtheit übertragen. Dabei wird hier nicht eine Zielvorstellung, sondern die tatsächliche Situation aus der Perspektive der Lehrer beschrieben. Ihr zufolge ist die pädagogische Tätigkeit in eine vertrauensvolle Beziehung eingebettet, die über die Belange des schulischen Lernens hinausreicht. Diese Beziehung wird von beiden Seiten unterhalten und von beiden als sehr positiv erfahren – im Spiegel des Lehrerurteils. Hierbei erreicht der Zufriedenheitswert für die Lehrer 100 Prozent. Dies differenziert sich in folgender Weise: Für 62,1% der Befragten trifft dies ‚voll und ganz', für 37,9 Prozent ‚eher' zu.

Heilpädagogische Lehrer treffen im Vergleich mit Waldorflehrern in höherem Maße die Aussage, dass Schüler bei persönlichen Problemen zu ihnen kommen (88,4% gegenüber

70,1% für ‚trifft voll zu' und ‚trifft eher zu'; 8,1% zu 28,9% für ‚trifft eher nicht zu' und ‚trifft gar nicht zu' – p<.01). Dies gilt auch für das Erleben, ein vertrauensvolles Verhältnis zu den Schülern zu haben (56,6% gegenüber 43,1% für ‚trifft voll zu'; 40,9% gegenüber 54,7% für ‚trifft eher zu'; 0,5% gegenüber 1,5% für ‚trifft eher nicht zu'– p >.01). Auch bei den anderen Fragen ergeben die Aussagen der heilpädagogischen Lehrer ein positiveres Bild. Im Hinblick auf die Fürsorglichkeit der Beziehung gibt es hier große Unterschiede (67,2% gegenüber 47,4% für ‚trifft voll zu', 32,3% gegenüber 50,5% für ‚trifft eher zu'; 0,5% zu 1,9% für ‚trifft eher nicht zu' – p<0,1). Dabei handelt es sich hier wohlgemerkt um einen graduellen Unterschied im Rahmen einer sehr positiven Aussage. Sowohl Waldorflehrer als auch heilpädagogische Lehrer beantworten die Frage nach der Fürsorglichkeit der Beziehung zu über 97 Prozent positiv, die Unterschiede entstehen durch die Differenzierung zwischen ‚trifft voll zu' und ‚trifft eher zu'. Ebenso verhält es sich mit der Aussage, die Beziehung zu den Schülern sei vertrauensvoll und freundlich (60,6% gegenüber 40,6% für ‚trifft voll zu', 38,4% gegenüber 57,2% für trifft eher zu; 1,0% gegenüber 1,9 für ‚trifft eher nicht zu' – p<.01).

3.3 Die Qualität des Unterrichts

Die offenen Fragen orientierten sich stark an der Individualität der Schüler und ihren Bedürfnissen. Dies bestätigt sich auch in den weiteren Fragen zur allgemeinen Qualität des Unterrichts.

Abbildung 10: Allgemeine Unterrichtsqualität

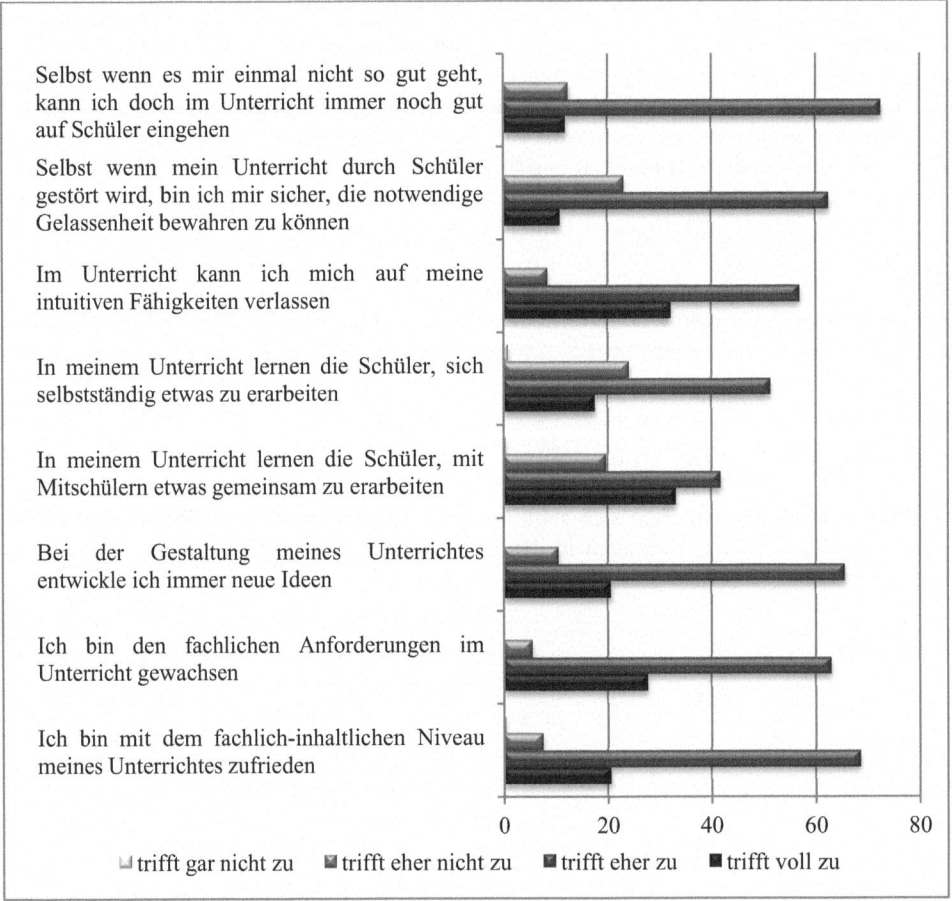

Die Lehrer zeigen sich in hohem Maße entweder ‚eher' oder ‚voll' zufrieden mit dem Niveau ihres Unterrichts (98,4%), ihren fachlichen Fähigkeiten (90,9%), der Kreativität in der Unterrichtsgestaltung (86,4%) sowie ihren intuitiven Fähigkeiten (89,4%). 73,7 Prozent der Lehrer schätzen sich auch bei Störungen als gelassen ein, und 84,8 Prozent sehen sich auch bei Unwohlsein in der Lage, auf die Schüler einzugehen. Der Unterricht bietet Raum für ein gemeinsames wie für ein individuelles Arbeiten der Schüler (75,3% bzw. 69,2%). Bei allen positiven Antworten dominieren die tendenziell positiven ‚eher' stark.

Die Orientierung an den Bedürfnissen der Schüler findet sich in den Aussagen wieder, die den Unterricht aus deren Sicht ansprechen und die Möglichkeiten der Mitgestaltung durch die Schüler abfragen.

Abbildung 11: Die Perspektive der Schüler im Lehrerurteil

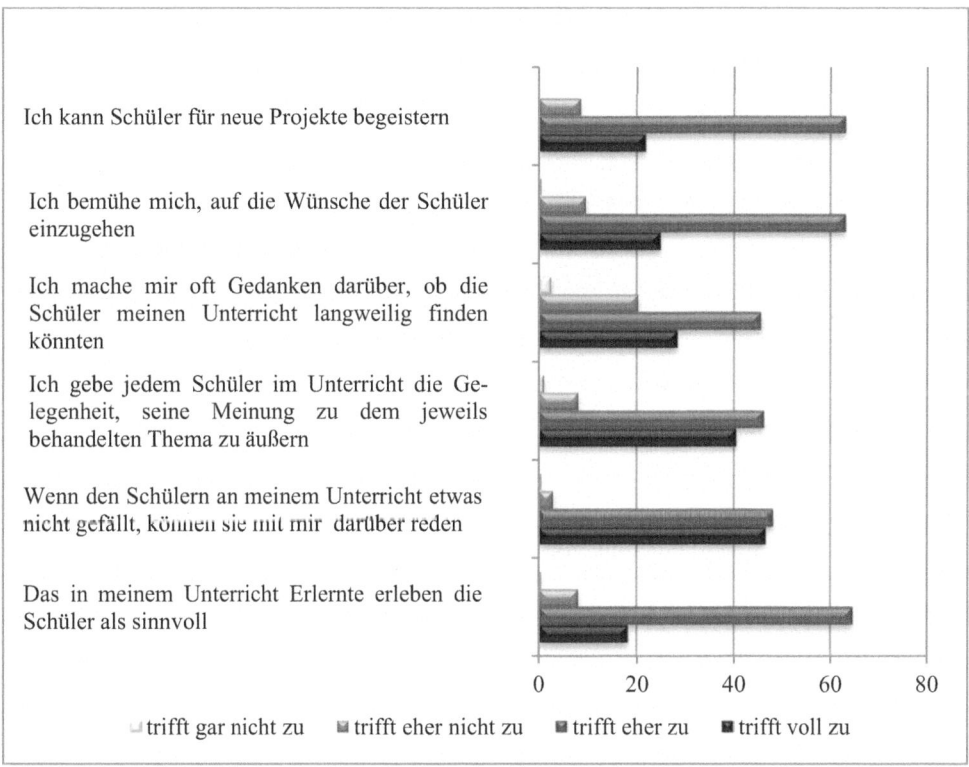

Hier sind mehr als vier Fünftel der Lehrer (82,8%) der Auffassung, dass die Kinder den Unterricht als sinnvoll erleben. Die Lehrer geben den Schülern in hohem Maße die Gelegenheit, ihre Kritik am (94,4%) und ihre Meinung zum (86,4%) Unterricht zu äußern, und bemühen sich überhaupt, auf die Wünsche der Schüler einzugehen (87,9%). Sie sind auch zuversichtlich, dass sie die Schüler für neue Projekte begeistern können. Auch hier kommen die insgesamt sehr positiven Äußerungen vorwiegend durch tendenziell positive Äußerungen zustande.

Das insgesamt positive Bild wird auch durch die Antwort auf Fragen bestärkt, die besondere pädagogische Herausforderungen zum Gegenstand haben.

Abbildung 12: Besondere pädagogische Herausforderungen

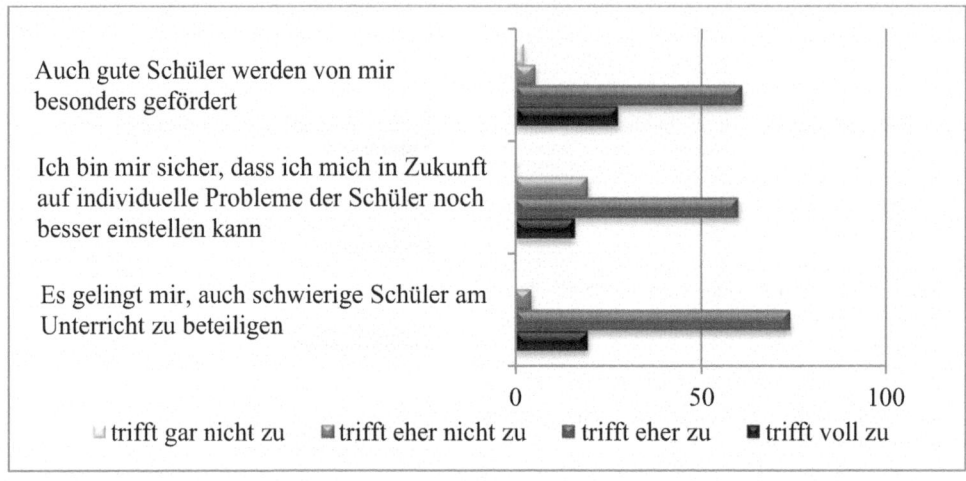

Die Antworten ergeben ein sehr positives Bild des Umgangs mit „schwierigen" Schülern (93,3%), und ähnlich der Förderung von „guten" Schülern (88,9%). Dabei haben drei Viertel der Befragten den Eindruck, sich noch besser auf individuelle Probleme bei Schülern einstellen zu können. Dieses Bild wird durch die Antworten auf Fragen nach Belastungen bestätigt.

Abbildung 13: Belastungen

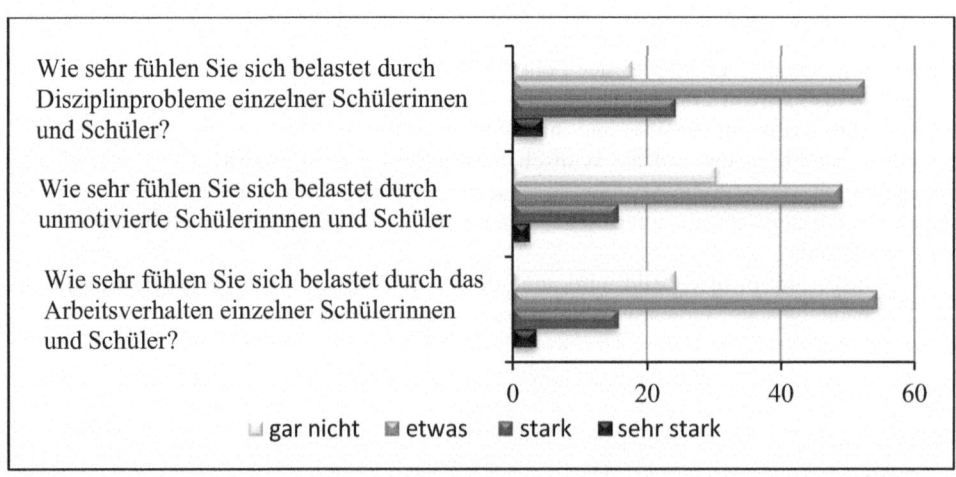

Hier zeigen sich jeweils über 80 Prozent der Lehrer durch das Arbeitsverhalten, durch die fehlende Motivation oder durch Disziplinprobleme bei den Schülern entweder etwas oder gar nicht belastet. Diese Bewertung erstreckt sich auch auf die Bewertung der Kollegen.

Abbildung 14: Bewertung der Kollegen

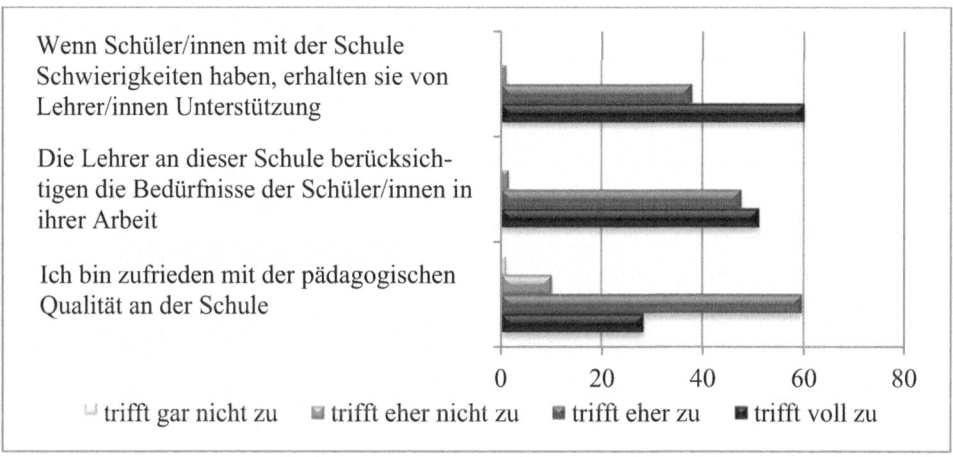

Die insgesamt sehr positive Beurteilung der eigenen Schule und ihrer Lehrer erstreckt sich auf Werte von 87,9 (pädagogische Qualität) bis hin zu 98 Prozent hinsichtlich der Berücksichtigung der Bedürfnisse der Schüler und der Unterstützung bei Schwierigkeiten. Hier fallen die sehr hohen Werte im Bereich des ‚trifft voll zu' ins Auge.

Diskussion

Damit ergibt sich eine insgesamt positive oder sehr positive Bewertung der pädagogischen Qualität sowohl der Schule im Allgemeinen als auch der eigenen Arbeit. Deutlich wird ein starker Bezug auf die Bedürfnisse und Wünsche der Kinder sowie der Versuch, sie zu begeistern und ihnen das Erleben eines sinnvollen Tuns zu vermitteln. Eine Belastung durch problematische Situationen, wie fehlende Motivation oder Störungen, wird bejaht, jedoch als weitgehend geringfügig eingeschätzt. Auch die eigene fachliche Qualifikation sowie solche Fähigkeiten wie Kreativität in der Unterrichtsgestaltung und Intuitionsfähigkeit oder auch Gelassenheit in der Unterrichtsdurchführung schreiben die Lehrer sich selbst zu, in einer Rate von zumeist über 80 Prozent. Dabei fällt auf, dass die jeweils höchsten Werte in den tendenziell positiven und nicht in den absolut positiven Aussagen erreicht werden. Die heilpädagogischen Lehrer fühlen sich demnach mehrheitlich *eher* den fachlichen Anforderungen des Unterrichts gewachsen und sind *eher* mit dem fachlich-inhaltlichen Niveau ihres Unterrichts zufrieden. Hier liegt ein Unterschied zu den Waldorflehrern vor: Waldorflehrer (WP) sind bedeutend häufiger als heilpädagogische Lehrer (HP) der Überzeugung, den fachlichen Anforderungen im Unterricht gewachsen zu sein, vor allem hinsichtlich des Unterschiedes zwischen ‚trifft voll zu': 40,0% (WP) gegenüber 27,8% (HP) und ‚trifft eher zu': 63,1% (HP) gegenüber 55,5% (WP) (p<.01) (vgl. Randoll, 2013). Kein Unterschied besteht hingegen bei der Bewertung des fachlichen Niveaus des eigenen Unterrichts. Waldorflehrer machen in ihrem Unterricht häufiger als heilpädagogische Lehrer die Erfahrung, dass sich Schüler etwas gemeinsam erarbeiten (87,8% gegenüber 75,3% – p<.05), und in noch höherem Maße, dass das selbständiger Lernen gelernt wird (87,8% gegenüber 69,2% – p<.01) (vgl. Randoll, 2013).

3.4 Die Einstellung zur Waldorfpädagogik

Die Antworten auf die offenen Fragen bezeugten eine hohe Identifikation mit der Waldorfpädagogik. Dies bestätigt sich auch bei den geschlossenen Fragen.

Abbildung 15: Aussagen zur Waldorfpädagogik und zur Waldorfschule

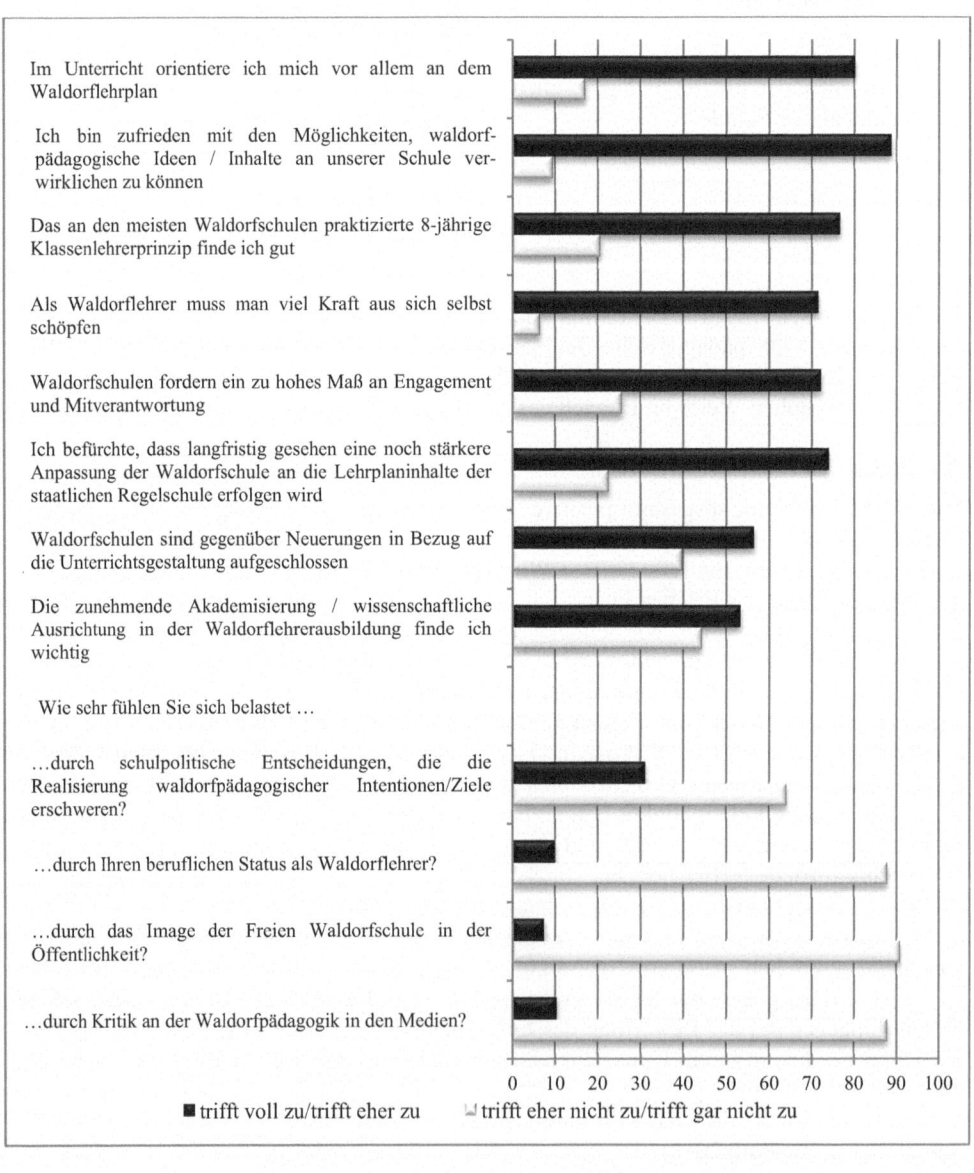

80,3 Prozent der Befragten orientieren sich nach eigener Aussage in ihrem Unterricht am Waldorflehrplan. Eine noch höhere Prozentzahl der Befragten äußert sich zufrieden mit der Möglichkeit, an ihrer Schule waldorfpädagogische Ideen und Inhalte zu verwirklichen (88,9%). Die überwiegende Mehrheit der Befragten stimmt dem Klassenlehrerprinzip (acht Jahre) zu, ein Fünftel der Befragten ist hier jedoch anderer Ansicht (76,8% gegenüber 20,7%). Allerdings ist die Mehrheit der Befragten auch der Ansicht, dass die Waldorfschulen von den Lehrern ein zu hohes Maß an Engagement und Mitverantwortung fordern (72,3% gegenüber 25,8%). Damit einher geht die Auffassung, dass man als Waldorflehrer viel Kraft aus sich selbst schöpfen muss (71,7%). Unter den Faktoren, die für den Beruf des Lehrers als belastend erfahren werden, gehören jedoch weder der berufliche Status als Waldorflehrer noch das Image der Waldorfschulen in der Öffentlichkeit und die Kritik an ihnen in den Medien. Knapp ein Drittel (31,3%) der Befragten fühlen sich durch schulpolitische Entscheidungen belastet, welche die Realisierung waldorfpädagogischer Intentionen/Ziele erschweren. Im Hinblick auf die Ausbildung der Waldorflehrer befürwortet eine Mehrheit der Befragten eine zunehmende Akademisierung/wissenschaftliche Ausbildung der Waldorflehrer (53,5% gegenüber 44,4%).

Die Anpassung der Waldorfschule an Lehrplaninhalte der staatlichen Regelschule wird von vielen (74,2%) befürchtet. Zugleich konstatieren die meisten Befragten eine relativ geringe Offenheit gegenüber Neuerungen bei der Unterrichtsgestaltung (56,6%).

Die allgemeine Zustimmung zur Waldorfpädagogik zeigt sich nicht zuletzt auch darin, dass 76,9 Prozent der heilpädagogischen Lehrer ihre Kinder auf einer Waldorfschule eingeschult haben oder sie dort einschulen würden. Unter den 23,1 Prozent wiederum, die dies nicht tun wollen oder tun, geben mehr als die Hälfte an, dass dies für sie aus Gründen der räumlichen Entfernung oder aus finanziellen Gründen nicht möglich ist.

Diskussion

Die Antworten ergeben eine starke Identifikation mit der Waldorfpädagogik – wobei diese bei den Waldorflehrern noch einmal deutlich stärker ausgeprägt ist hinsichtlich der Frage nach der Orientierung am Waldorflehrplan (39,1% gegenüber 31,3% für ‚trifft voll zu', 48,9% gegenüber 49,0% für ‚trifft eher zu'; 10,3% gegenüber 16,2% für ‚trifft eher nicht zu', 1,0 gegenüber 1,0 trifft überhaupt nicht zu – p<.01) (vgl. Randoll 2013). Die Zufriedenheit mit der Möglichkeit, waldorfpädagogische Ideen/Inhalte an der eigenen Schule zu verwirklichen, ist wiederum bei den heilpädagogischen Lehrern deutlich höher. Dies zeigt sich vor allem in der Differenzierung von ‚trifft voll zu', bei der die heilpädagogischen Lehrer beinahe deutlich häufiger zustimmen (46,0% gegenüber 29,2%) und ‚trifft eher zu' (42,9% der heilpädagogischen Lehrer, 58,2% der Waldorflehrer). Bei Berücksichtigung aller Kategorien ergibt sich ein Unterschied von p<.01. Die Zustimmung zur Waldorfpädagogik und die Zufriedenheit damit, waldorfpädagogisch arbeiten zu können, geht aber einher mit der Befürchtung vor einem Verlust der waldorfpädagogischen Identität, sei es durch die Anpassung an staatliche Vorgaben oder infolge von schulpolitischen Entscheidungen. Zugleich stellt eine Mehrheit der Befragten die Innovationsbereitschaft der Waldorfschulen in Frage – die heilpädagogischen Lehrer in deutlich höherem Maße als die Waldorflehrer (für die Aussage: Waldorfschulen ... sind Neuerungen gegenüber aufgeschlossen: 11,2% (WP) gegenüber 7,6% (HP) für ‚trifft voll zu', 47,3% gegenüber 32,3% für ‚trifft eher zu'; 38,5% gegenüber 51,0% für ‚trifft eher nicht zu', 2,4% gegenüber 5,6% für ‚trifft gar nicht zu' – p<.01) (vgl. Randoll, 2013).

Damit korrespondieren diese Antworten mit den Antworten auf die Frage nach den Herausforderungen an die Waldorfschulen, die als zentrale Herausforderung die Verbindung von Wahrung der Identität und von Offenheit gegenüber den Entwicklungen ergaben.

3.5 Die Einstellung zur Anthroposophie

Der Fragebogen ermittelt das Verhältnis zur Anthroposophie aus verschiedenen Perspektiven: etwa die Beziehung zur Anthroposophie allgemein, die Bedeutung für das tägliche Leben wie für die Arbeit, die Bewertung einer anthroposophischen Grundlagenarbeit im Kollegium, die Beschäftigung mit dem Werk Rudolf Steiners und die Bedeutung von Meditation und Schulungsweg.

Das allgemeine Verhältnis zur Anthroposophie ist sehr positiv, wie dies schon die Beantwortung der offenen Fragen nahelegte.

Abbildung 16: Verhältnis zur Anthroposophie im Allgemeinen

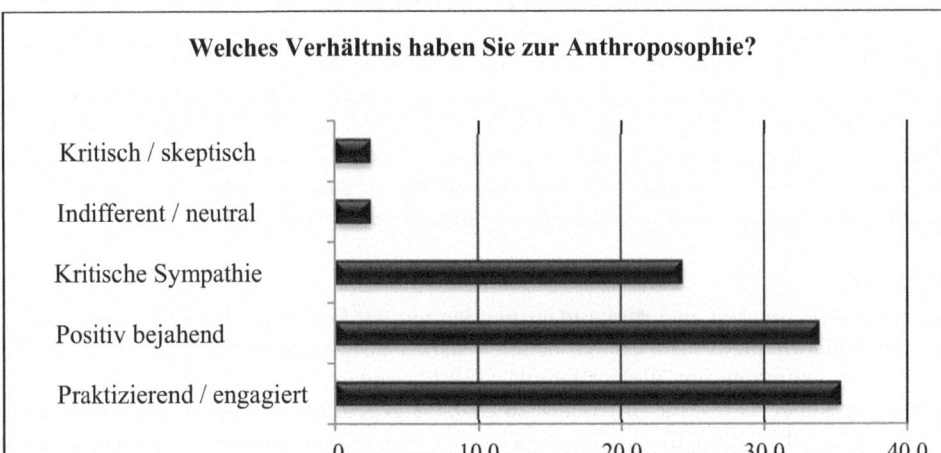

Demnach sehen sich 35,4 Prozent als praktizierend engagiert, beinahe ebenso viele (33,8%) als positiv bejahend, und 24,2 Prozent als kritisch sympathisierend. Nimmt man diese positiven Äußerungen zusammen, so ergeben sie 93,4 Prozent. Eine weitere Frage erhebt die Bedeutung der Anthroposophie für das tägliche Leben (vgl. Abbildung 17).

Zwei Drittel der Befragten (66,7%) veranschlagen diese als sehr hoch oder hoch, für 15,2 Prozent hat sie keine oder eine geringe Bedeutung. Für die berufliche Tätigkeit ist die Bedeutung der Anthroposophie noch gewichtiger (vgl. Abbildung 18).

Abbildung 17: Bedeutung der Anthroposophie für das tägliche Leben

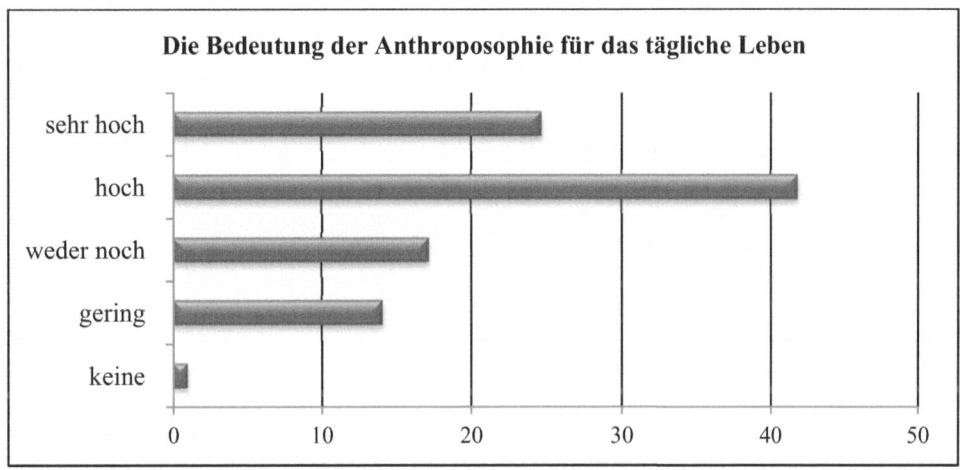

Abbildung 18: Bedeutung der Anthroposophie für die Berufstätigkeit

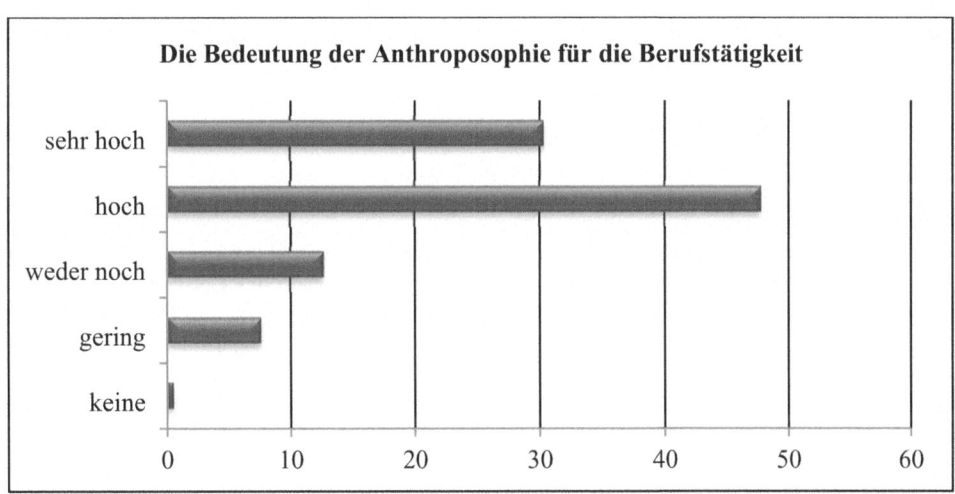

Hier geben insgesamt 77,8 Prozent der Befragten eine hohe oder sehr hohe Bedeutung an, für 8,4 Prozent hat die Anthroposophie keine oder eine geringe Bedeutung.

Abbildung 19: Zufriedenheit mit der anthroposophischen Arbeit

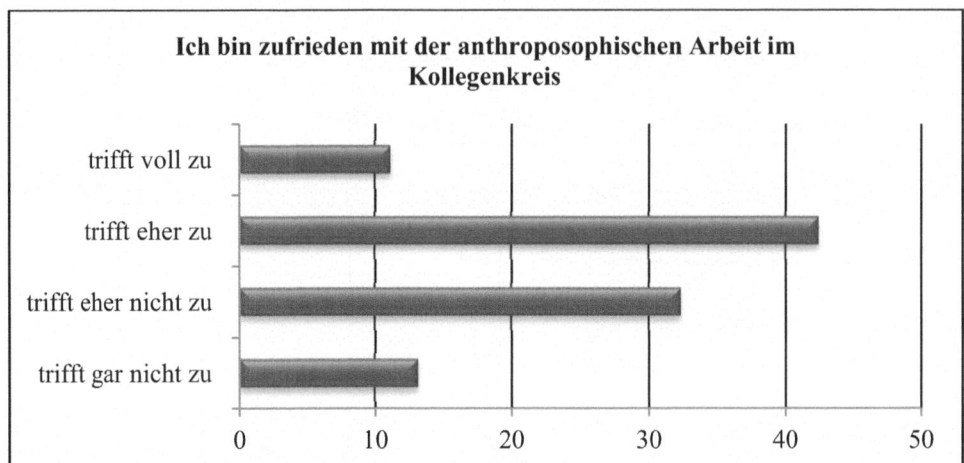

So zeigen sich 43,5 Prozent voll oder eher zufrieden mit der kollegialen Arbeit an anthroposophischen Themen, für 45,6 Prozent trifft dies nicht zu. Dabei bleibt aber offen, inwieweit die anderen sich wünschen würden, dass diese Arbeit vermehrt stattfindet, oder ob sie daran nicht interessiert sind bzw. dies nicht für sinnvoll halten. Die von Rudolf Steiner formulierten Anforderungen/Ideale an die Person des Lehrers bedeuten keine starke oder sehr starke Belastung für die Befragten.

Abbildung 20: Belastung durch Anforderungen/Ideale

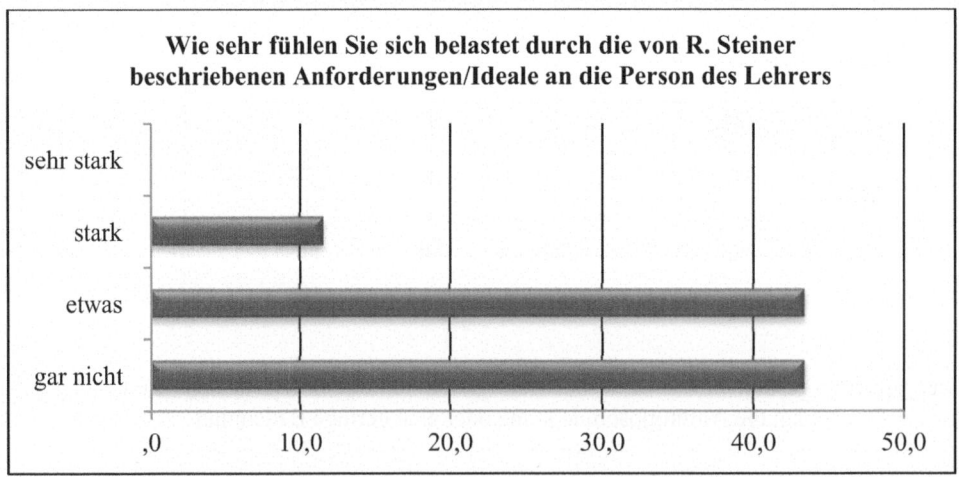

Eine Frage betrifft den Umgang mit beruflichen Problemen. Hier wurden verschiedene Antworten vorgegeben, es war aber auch möglich, frei zu antworten.[34]

Abbildung 21: Umgang mit beruflichen Problemen

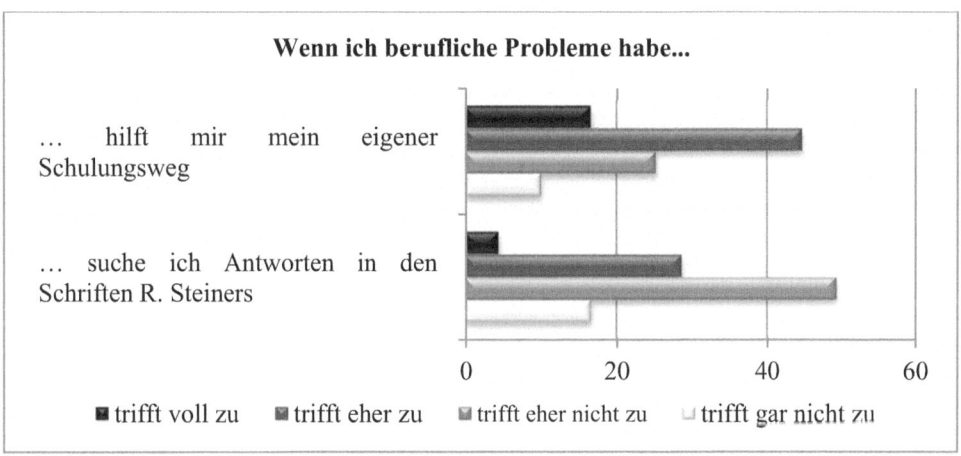

Mit Abstand am meisten genannt wurde das Nachdenken über das Problem, gefolgt vom Gespräch mit Kollegen. Eine ebenfalls hohe Bedeutung hat hier der anthroposophische Schulungsweg, auf den sich die Befragten etwa zu 61,6 Prozent oft oder sehr oft beziehen – deutlich mehr als diejenigen, die in den Schriften Steiners Antworten suchen (33,3%).

Insgesamt geben 76,8 Prozent der Befragten an, dass ihnen das Vertrauen in übergeordnete Zusammenhänge, wie die geistige Welt und das Schicksal, in ihrem Beruf Halt und Sicherheit geben.

In einem weiteren Fragenblock wurde nach Tätigkeiten gefragt, aus denen die Beteiligten Kräfte schöpfen – auch hier waren Antworten vorgegeben. Hier geben 53,3 Prozent die Meditation an und 41,4 Prozent das Studium der Schriften Rudolf Steiners. Das Spektrum der Antworten erstreckt sich hier zwischen 94,4 Prozent (Naturerlebnisse) sowie Lesen und Zusammensein mit Freunden (jeweils 85,4%) am oberen und 20 Prozent (Fernsehen) am unteren Ende der Antworthäufigkeiten.

Diskussion

Die Antworten zeigen eine starke Identifikation mit der Anthroposophie, wobei sich dies je nach Kontext differenziert. So wird die Bedeutung der Anthroposophie für die Arbeit höher eingeschätzt als für das tägliche Leben, wenngleich dies auch nur ein gradueller Unterschied ist. Die Beziehung zur Anthroposophie wird differenziert dargestellt: zwischen praktischem Engagement und kritischer Sympathie. Den Antworten zufolge scheint es sich weniger um eine „Buchstabengläubigkeit" zu handeln – so suchen auch zwei Drittel (66,2%)

---

[34] Beispielhaft wurden genannt: das Gespräch mit Freunden, Literatur, die Situation in der Schule verändern, der Rat eines Experten, der Besuch von Fortbildungsveranstaltungen, die Beratung durch schulinterne Gremien.

bei beruflichen Problemen keine Antworten in Schriften Rudolf Steiners. Eher scheint der gemeinsame, auch der Arbeit Halt gebende Rahmen in der spirituellen Orientierung zu liegen, wie in den Antworten auf die Frage nach dem Vertrauen in „übergeordnete Zusammenhänge" zum Ausdruck kommt.

3.6 Kommunikation und soziale Beziehungen

Zahlreiche Fragen thematisieren den Bereich von Kommunikation und sozialen Beziehungen in allgemeiner und persönlicher Hinsicht. Sie werden hier in folgender Weise gegliedert:

- Atmosphäre und Betriebsklima
- Kommunikation und soziale Beziehungen
- Anerkennung.

Atmosphäre

Mehr als zwei Drittel, zum Teil auch mehr als drei Viertel, der Befragten empfinden die allgemeine Atmosphäre als vertrauensvoll und freundlich und zeigen sich mit ihr zufrieden.

Abbildung 22: Atmosphäre und Betriebsklima

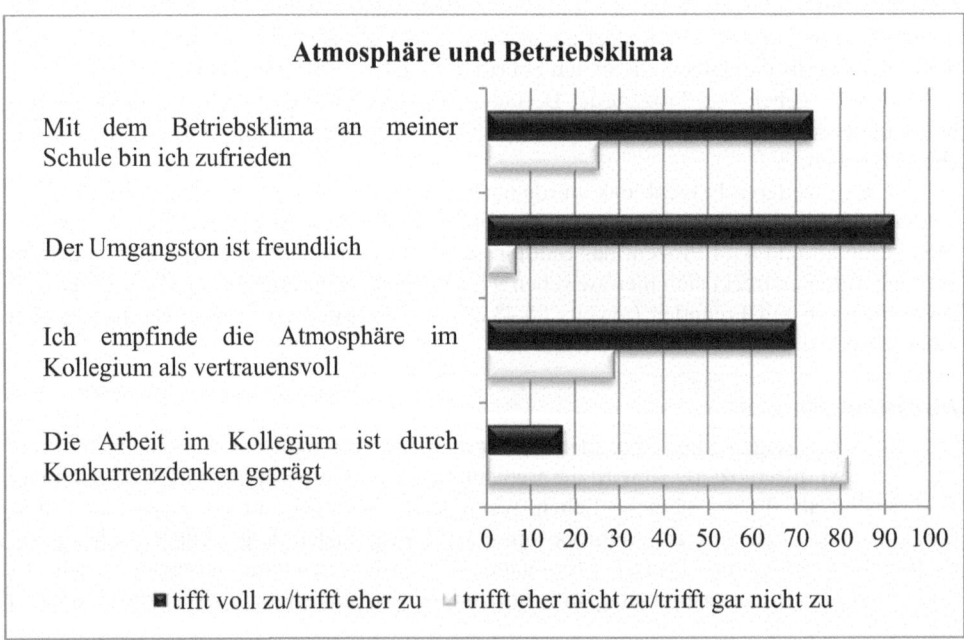

Kommunikation

Die Fragen zur Kommunikation im Kollegium beziehen sich auf die Bereiche Informationsaustausch, Offenheit und Umgang mit Konflikten.

Abbildung 23: Kommunikation im Kollegium

Eine Mehrheit der Befragten (58,6%) zeigt sich zufrieden mit der Kommunikation im Allgemeinen, mehr als ein Drittel (40,4%) hingegen nicht. Nur eine knappe Mehrheit (52,5%) empfindet die Informationsstrukturen an ihrer Schule als klar, 47,5% sind hier anderer

Meinung. Hingegen haben mehr als vier Fünftel (81,8%) das Vertrauen, in Konferenzen offen ihre Meinung sagen zu können, annähernd so viele (78,8%) sehen die Möglichkeit, offen über Probleme bei der Arbeit zu sprechen. Weitaus geringer wird die Offenheit in Situationen eingeschätzt, in denen mitzuteilen wäre, dass man jemandem eine Arbeit nicht zutraut. Diese Tendenz setzt sich im Umgang mit Konflikten fort: Hier erkennen nur 48,5 Prozent eine gute Lösung von Spannungen und Konflikten, und eine knappe Mehrheit (54,4% gegenüber 44,4%) findet, dass Konflikte gut besprochen werden können.

Soziale Beziehungen und Anerkennung

Die sozialen Beziehungen wurden über allgemeine wie über persönliche Aussagen erhoben. Sie betreffen den sozialen Zusammenhalt im Allgemeinen, die Unterstützung bei Schwierigkeiten und das Gefühl des Eingebundenseins auf Seiten des Einzelnen.

Abbildung 24: Soziale Beziehungen

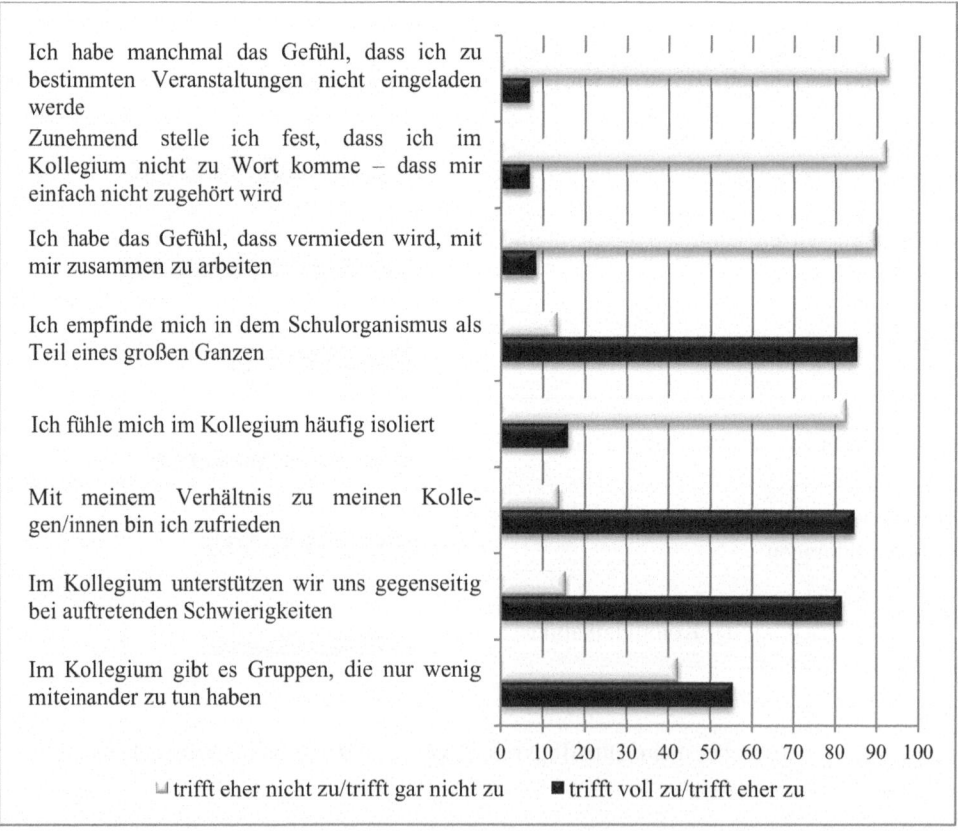

Die Antworten verweisen hier auf eine hohe individuelle Zufriedenheit: Mehr als vier Fünftel der Befragten sind mit ihrem Verhältnis zu den Kollegen zufrieden (84,8%) und fühlen sich als Teil des Kollegiums. Dies wird auch durch die Antworten auf die anderen Fragen bestätigt. Dass Kollegen, die in Schwierigkeiten sind, Unterstützung erhalten, wird von 81,8 Prozent bejaht. Allerdings sieht eine Mehrheit (55,6%) das Vorhandensein von Gruppen, die nur wenig miteinander zu tun haben.

Auch die Fragen nach Anerkennung und Wertschätzung vermitteln ein positives Bild.

Abbildung 25: Anerkennung und Wertschätzung

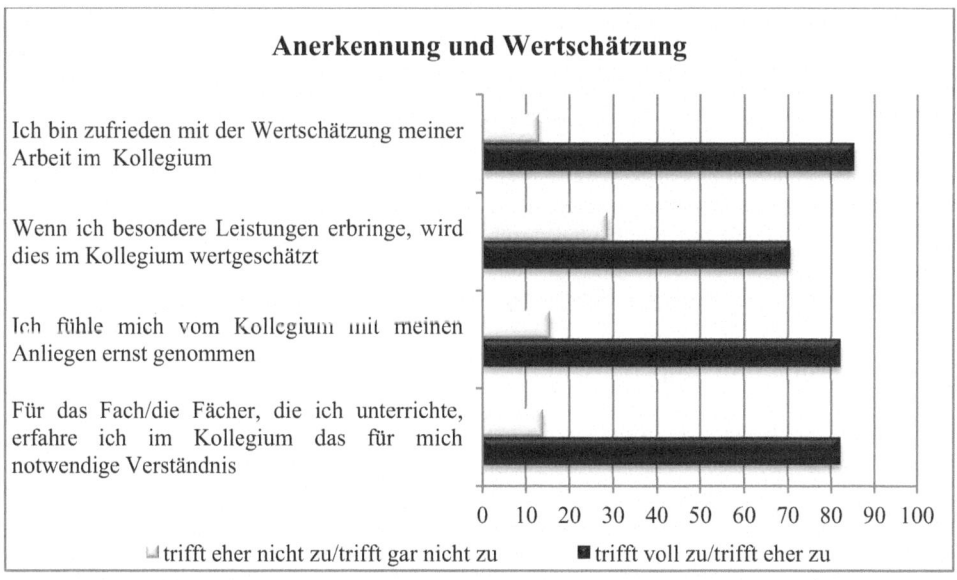

So fühlen sich mehr als vier Fünftel der Befragten in ihrer Arbeit, ihrem Fach und ihren Anliegen ernst genommen und verstanden, für besonderen Leistungen sehen sich 70,7 Prozent wertgeschätzt.

Diskussion

Die Antworten spiegeln eine hohe Zufriedenheit mit der Atmosphäre und dem Betriebsklima in der Schule sowie den sozialen Beziehungen im Kollegium wider. Dies gilt auf allgemeiner wie persönlicher Ebene.

Die Befragten fühlen sich als Teil des Ganzen und in ihrer Arbeit wie ihrer Persönlichkeit akzeptiert und wertgeschätzt. Unterschiede zwischen der Einschätzung von Waldorflehrern und von heilpädagogischen Lehrern betreffen Nuancen (vgl. Randoll, 2013). Heilpädagogische Lehrer sind weniger zufrieden mit dem Betriebsklima (73,7% gegenüber 82,5% für ‚trifft voll zu' und ‚trifft eher zu'; 25,3% gegenüber 16,5% für ‚trifft eher nicht zu' und ‚trifft gar nicht zu' – p<.05) und sie finden die Atmosphäre als weniger vertrauensvoll als die Waldorflehrer (69,7% gegenüber 78,7% für ‚trifft voll zu' und ‚trifft eher zu'; 28,8% gegenüber 20,0% für ‚trifft eher nicht zu' und ‚trifft gar nicht zu' – p<.01) (vgl. Randoll, 2013). Andererseits sagen Waldorflehrer häufiger, dass es in ihrem Kollegium Gruppen gibt, die wenig miteinander zu tun haben (65,4% gegenüber 55,6% für ‚trifft voll zu' und ‚trifft eher zu'; 33,3% gegenüber 42,4% für ‚trifft eher nicht zu' und ‚trifft gar nicht zu' – p<.05). Problematisch wird der Umgang mit Konflikten eingeschätzt: Heilpädagogische Lehrer äußern sich deutlich negativer zum Umgang mit Konflikten als Waldorflehrer. Diese finden häufiger, dass Konflikte gut gelöst werden (59,6% gegenüber 48,5% für ‚trifft voll zu' und ‚trifft eher zu'; 38,6% gegenüber 48,5% für ‚trifft eher nicht zu' und ‚trifft gar nicht zu' – p<.01) und geben häufiger an, dass Konflikte offen angesprochen werden können (63,2% gegenüber 54,5% für ‚trifft voll zu' und ‚trifft eher zu'; 35,1% gegenüber 44,4% für ‚trifft eher nicht zu' und ‚trifft gar nicht zu' – p<.01). Auch geben sie weniger häufig an, dass sie in Konferenzen offen ihre Meinung sagen können (81,8% gegenüber 89% für ‚trifft voll zu' und ‚trifft eher zu'; 10,1% gegenüber 16,2% für ‚trifft eher nicht zu' und ‚trifft gar nicht zu' – p<.05). Diese Werte fallen auch im Vergleich mit den anderen, durchweg sehr positiven Beurteilungen in anderen Feldern ins Gewicht, und sie ergänzen die ambivalenten Antworten auf die Frage nach der Kommunikation hinsichtlich der Grenzen des Zutrauens. Es fragt sich, ob die Aussagen bezüglich der Konflikte gleichsam die Kehrseite der hohen sozialen Kohärenz und der Vertrautheit bilden, wie sie sich aus den Antworten ergibt, oder ob die bestehende Atmosphäre und die gegenseitige Anerkennung einen anderen Umgang mit Konflikten durchaus hergeben könnten, hier aber die entsprechende Einstellung oder die entsprechenden Formen dafür fehlen. Wie dem auch sei – angesichts der vielen sehr positiven Bewertungen fällt dieses Ergebnis auf.

3.7 Führung und Selbstverwaltung

Die Fragen zum Bereich Führung und Selbstverwaltung wurden hier aus verschiedenen Rubriken des Fragebogens zusammengestellt, woraus sich einige Überschneidungen oder ähnlich lautende Formulierungen ergeben. Die insgesamt umfangreichen Fragen betreffen die Einschätzung von Selbstverwaltung und Führung im Allgemeinen, die Arbeit von Gremien und der Geschäftsführung, die Transparenz und die Effektivität von Strukturen und Entscheidungsprozessen sowie die Personalführung und die individuellen Gestaltungsmöglichkeiten. Die allgemeinen Aussagen über die schulische Selbstverwaltung geben ein einheitliches Bild.

Abbildung 26: Führung und Selbstverwaltung

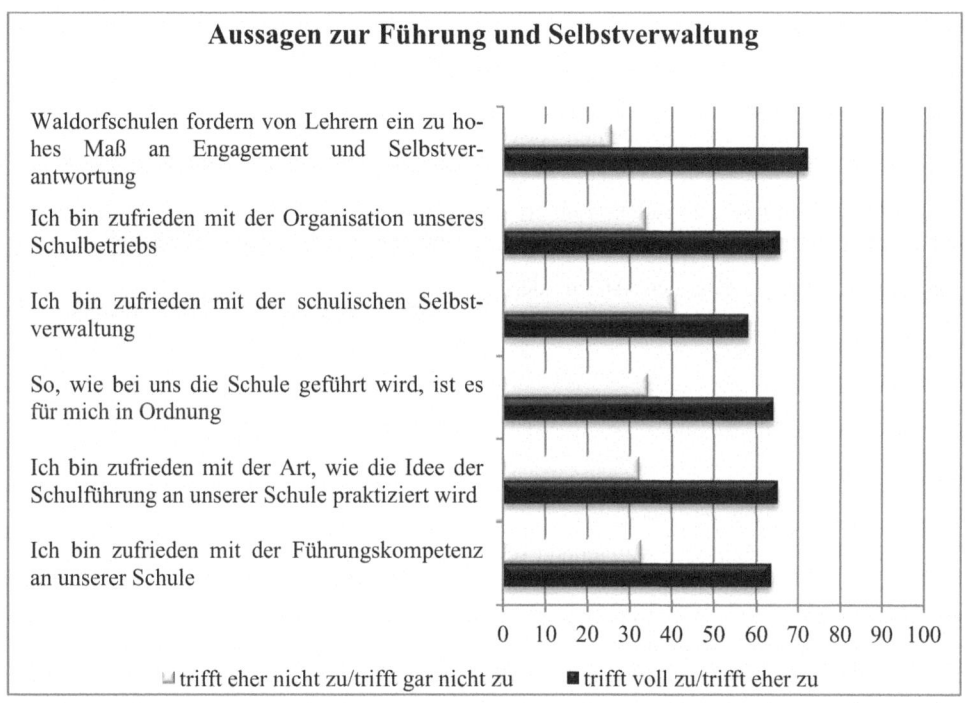

Demnach liegt der Anteil der Befragten, die mit der Führung, der Organisation und der Selbstverwaltung an ihrer Schule zufrieden sind, bei knapp zwei Dritteln, die Werte liegen hier zwischen 58,1 Prozent (schulische Selbstverwaltung) und 65,2 Prozent (Zufriedenheit mit der Schulführung). Allerdings wird, wie schon erwähnt, das Ausmaß des Engagements, das von den Lehrern an Waldorfschulen gefordert wird, als zu hoch eingeschätzt, von immerhin 72,3 Prozent der Befragten.

Abbildung 27: Gremien und Funktionen

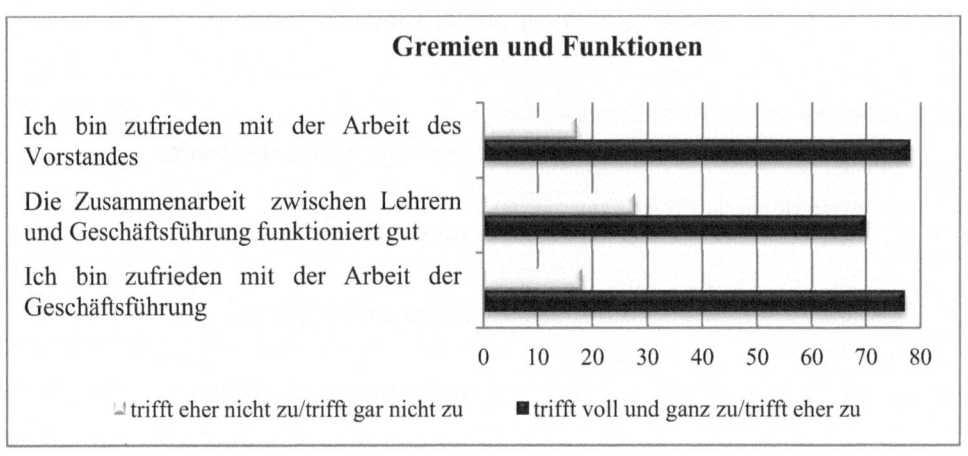

Die Arbeit der Gremien wird weitgehend sehr positiv bewertet: Hier sind zwischen 70 und 80 Prozent der Befragten zufrieden. Ein differenziertes Bild ergeben die Fragen zu Entscheidungsprozessen (vgl. Abbildung 28).

Prozesse und Strukturen sind für 57,6 bzw. 56,6 Prozent der Befragten transparent (gegenüber 40,4% bzw. 41,9%), sie werden jedoch nur von einer Minderheit von 37,9 gegenüber 56,6 Prozent als zielführend und effizient bewertet. In diesem Zusammenhang treffen fast zwei Drittel der Befragten (62,6%) die Aussage, dass die Führungsgremien ihrer Schule einer Geschäftsordnung folgen. 49,0 gegenüber 43,9 Prozent sagen aus, dass an ihrer Schule Zielvereinbarungen über besondere Schritte getroffen werden, und nach Aussage von 23,9 Prozent der Befragten werden diese regelmäßig evaluiert – 50 Prozent verneinen dies, und 26,1 Prozent wissen es nicht. Etwas mehr als die Hälfte der Befragten findet an der eigenen Schule klare Informationsstrukturen, 47,5 Prozent sehen dies anders.

Im Hinblick auf Personalfragen sehen zwei Drittel die entsprechenden Kompetenzen und Aufgaben an ihrer Schule als klar geregelt an, die Betreuung von Mitarbeitern wird aber eher negativ bewertet: Nur 45,5 gegenüber 48,5 Prozent halten diese für gut (vgl. Abbildung 29).

Abbildung 28: Entscheidungsfindung

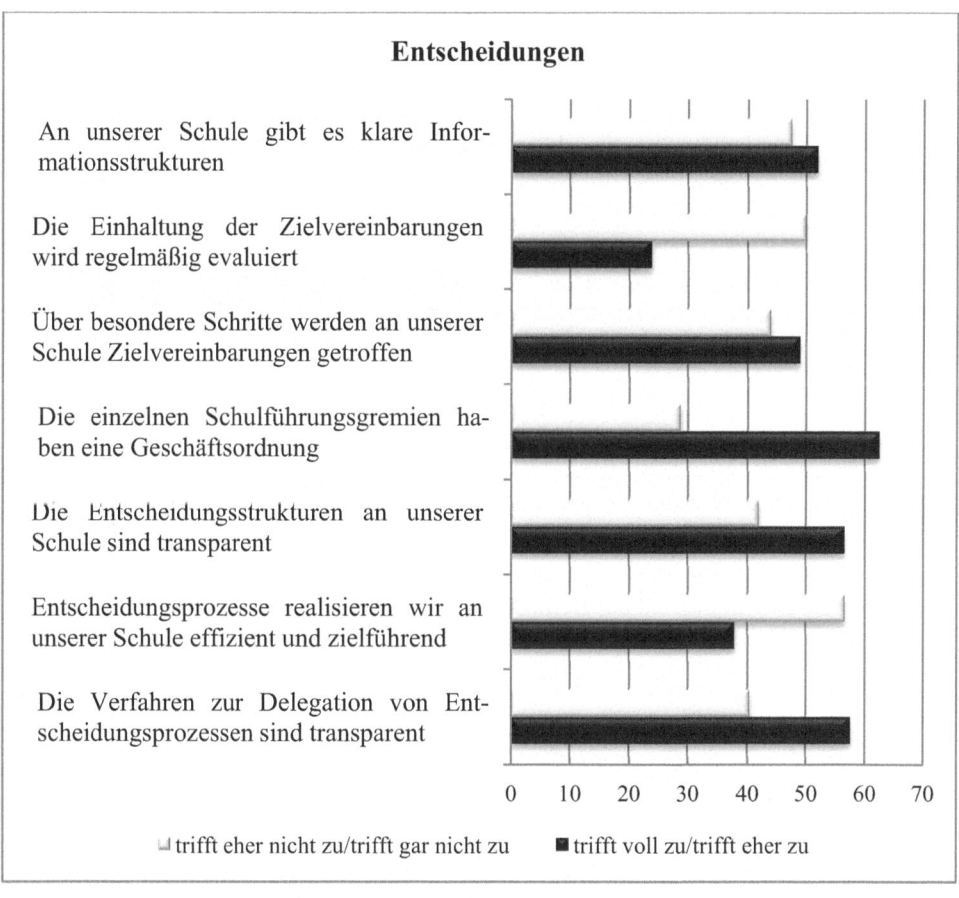

Abbildung 29: Personalführung

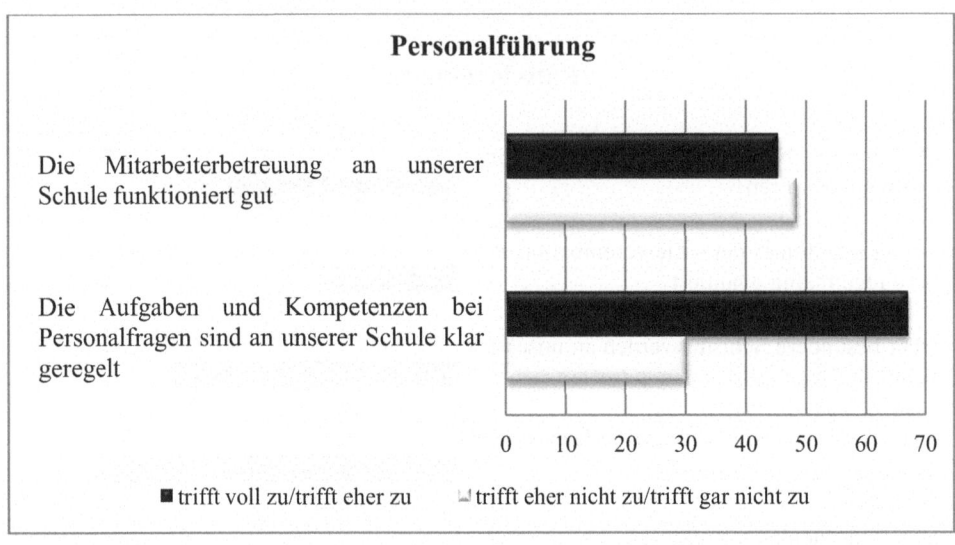

Bei den offenen Fragen war insbesondere das Thema Veränderung und Wandel angesprochen worden. Für 61,3 Prozent der Befragten sind ihre Kollegen für Veränderungen aufgeschlossen, ein dementsprechend hoher Anteil sieht die Kollegen für Initiativen offen (60,6%).

Abbildung 30: Veränderungen und Initiativen

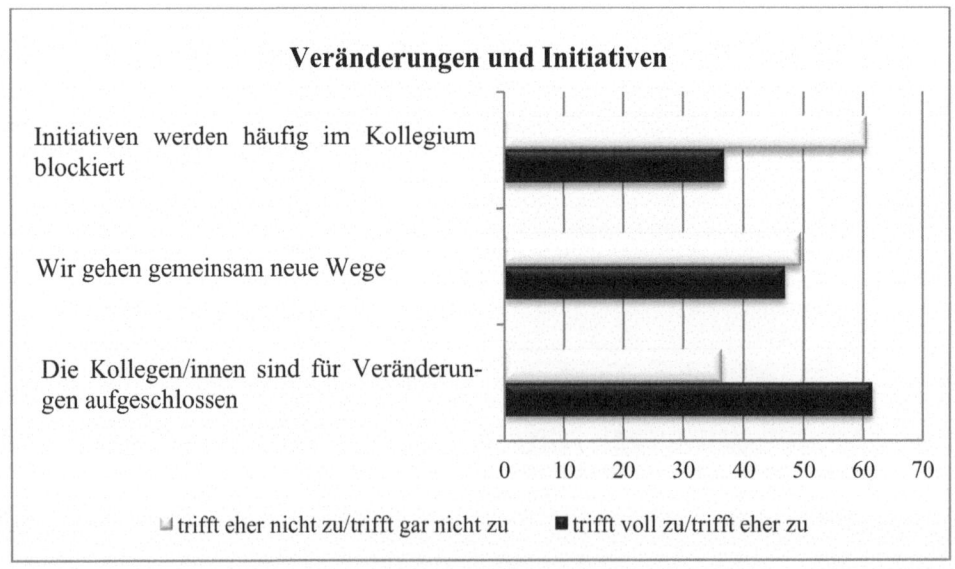

Dem steht das Ergebnis gegenüber, dass weniger als die Hälfte (47,0%) das Kollegium gemeinsam neue Wege gehen sieht (gegenüber 49,5%). Die eigene Möglichkeit zur Mitgestaltung wird positiv gesehen (Abbildung 31).

Beinahe vier Fünftel (78,8%) sehen sich als Mitgestalter der Schule, und 83,8 Prozent verfügen ihrer Meinung nach über persönliche Entscheidungskompetenzen. Insgesamt zeigen sich 72,7 Prozent zufrieden mit der Möglichkeit, die Organisationsstrukturen in der Schule mitzugestalten, ein ähnlicher hoher Prozentsatz der Befragten hat kein Bedürfnis, mehr Verantwortung abgeben zu können – obwohl die Belastung durch die Arbeit in der Selbstverwaltung erheblich ist (vgl. Abbildung 32).

Abbildung 31: Mitgestaltung

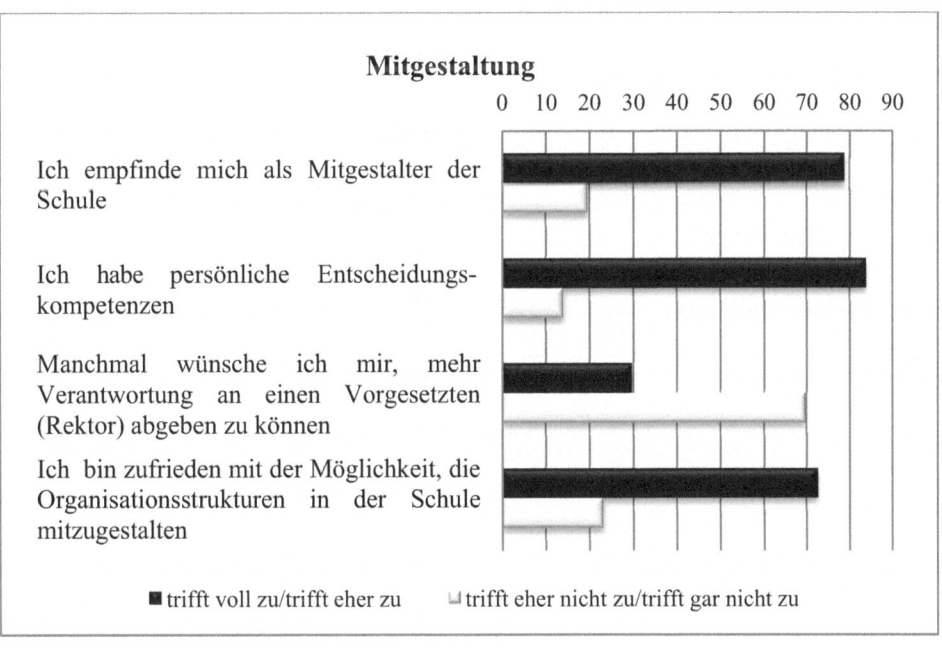

Abbildung 32: Belastung durch Selbstverwaltung

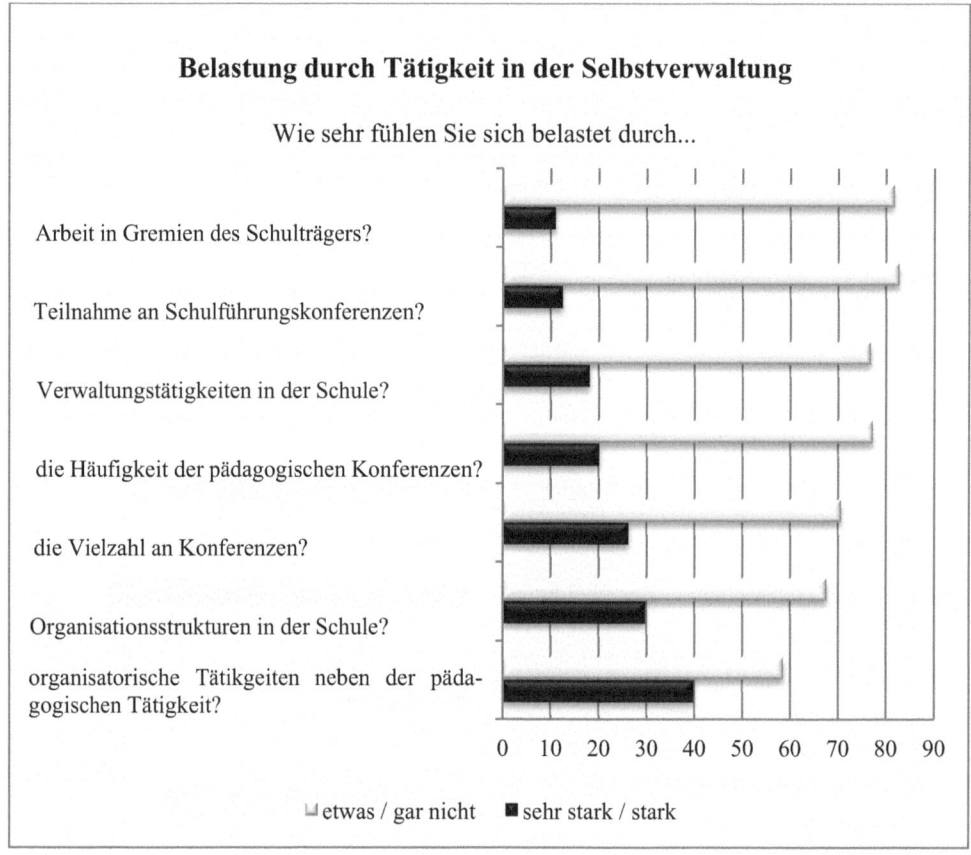

So fühlen sich 39,9 Prozent der Lehrer durch organisatorische Tätigkeiten neben der pädagogischen Arbeit stark oder sehr stark belastet, 29,8 Prozent durch die Organisationsstrukturen in der Schule und noch 26,3 Prozent durch die Vielfalt der Konferenzen. Diese und die weiteren Zahlen müssen im Kontext der Gewichtung anderer Belastungsfaktoren gesehen werden. Sie liegen zum Teil höher als die Werte, die für Aussagen über die Belastung durch den Unterricht erzielt werden (Disziplinprobleme: 28,8%, der Lärmpegel in den Klassen: 26,8%, unmotivierte Schüler: 18,2%, Vor- und Nachbereitung des Unterrichts: 9,1%), und sie fallen deutlich höher aus als Belastungen in Zusammenhang mit den Eltern. Werte über 30 Prozent erreichen als Belastungsfaktoren der Beruf im Allgemeinen (52,0%), das Schreiben von Zeugnissen (39,9%), der enge finanzielle Rahmen der Schule (47,5%), die private Besoldungssituation (38,4%), die Anzahl der wöchentlichen Arbeitsstunden (36,4%), Lebensereignisse im privaten Bereich (34,3%) und die eigenen Ansprüche als Pädagoge (32,3%), und schließlich schulpolitische Entscheidungen, welche die Realisierung waldorfpädagogischer Intentionen behindern (31,3%).

Eine weitere Frage widmete sich der „idealen Führungsstruktur". Hier waren folgende Modelle vorgegeben:

- Klassisches Modell: interne Konferenz entscheidet über alle Führungsfragen
- Mandatsmodell: funktionale Führung, die auf viele Köpfe verteilt ist, dadurch entstehen unterschiedliche Ressorts, in denen jeweils eine Person die Entscheidungskompetenz hat
- Direktionsmodell: funktionale Führung, die auf einen Schulleiter (und eventuell einen Vertreter) übertragen wird, der über das laufende Geschäft entscheidet
- „Nicht-Beteiligungs-Modell": Der einzelne Lehrer muss und möchte sich nicht an Verwaltungsaufgaben und Führungsfragen beteiligen und sich ausschließlich seinen pädagogischen Aufgaben widmen
- Persönliches Idealmodell (dieses konnte in eigenen Worten beschrieben werden).

Abbildung 33: Ideale Führungsstruktur

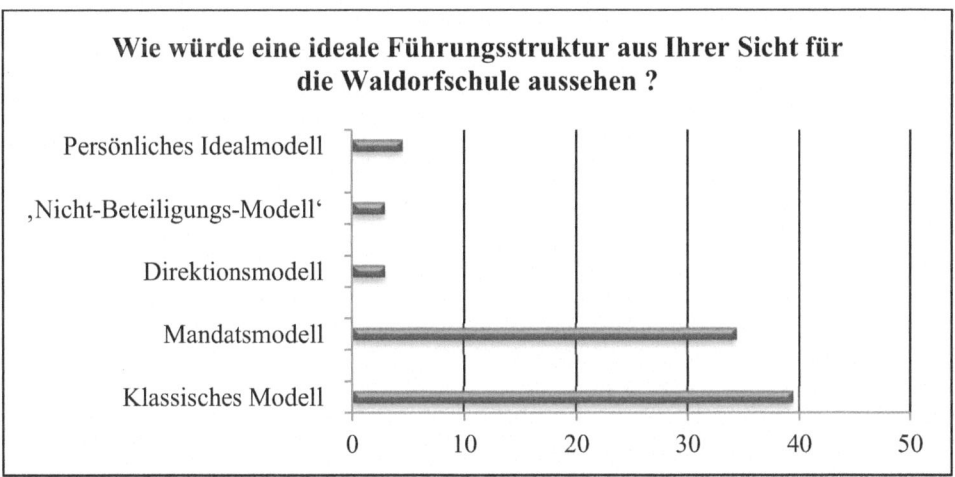

Hier entschieden sich die Befragten zu annähernd gleichen Teilen für das klassische und für das Mandatsmodell.

Diskussion

Die Antworten ergeben eine allgemeine Zufriedenheit bei etwa zwei Dritteln der Befragten hinsichtlich der Führung und Organisation der Schule, bei der Bewertung der Selbstverwaltung liegt der Wert etwas darunter. Die Arbeit von Vorstand und Geschäftsführung wird noch positiver bewertet, auch die eigenen Gestaltungsmöglichkeiten und Entscheidungskompetenzen werden sehr hoch (zwischen 70 und 80 Prozent) veranschlagt. Bemerkenswerterweise werden aber gleichzeitig Entscheidungsprozesse (inklusive Zielvereinbarungen), Entscheidungsstrukturen und die Kompetenzen im Bereich der Personalfragen als verhältnismäßig weniger effizient und transparent angesehen. Widersprüchliches ergibt sich auch hinsichtlich des Themas Innovation: Für über 60 Prozent der Befragten sind ihre Kollegen für Veränderungen aufgeschlossen, ebenso viele haben jedoch den Eindruck, dass Initiativen häufig im Kollegium blockiert werden.

Für den gesamten Bereich von Führung und Selbstverwaltungen ergeben sich durchweg Unterschiede zu der Einschätzung der Waldorflehrer, die in eine Richtung weisen (vgl. Randoll, 2013):

Heilpädagogische Lehrer zeigen sich weniger zufrieden mit der Art, wie die Idee der Schulführung an ihrer Schule praktiziert wird (65,2% gegenüber 72,8% für ‚trifft voll zu' und ‚trifft eher zu'; 32,3% gegenüber 25,7% für ‚trifft eher nicht zu' und ‚trifft gar nicht zu' – $p<.05$). Sie sind auch weniger zufrieden mit der Führungskompetenz an ihrer Schule (63,6% gegenüber 73,6% für ‚trifft voll zu' und ‚trifft eher zu'; 32,8% gegenüber 23,9% für ‚trifft eher nicht zu' und ‚trifft gar nicht zu' – $p<.05$.), mit der schulischen Selbstverwaltung (58,1% gegenüber 68,6% für ‚trifft voll zu' und ‚trifft eher zu'; 40,4% gegenüber 30,4% für ‚trifft eher nicht zu' und ‚trifft gar nicht zu' – $p<.01$) und mit der Qualität der Arbeit der Schulverwaltung (79,3% gegenüber 84,9% für ‚trifft voll zu' und ‚trifft eher zu'; 17,2% gegenüber 13,1% für ‚trifft eher nicht zu' und ‚trifft gar nicht zu' – $p<.05$). Heilpädagogische Lehrer halten die Verfahren zur Delegation von Entscheidungsprozessen an ihrer Schule für weniger transparent (57,6% gegenüber 69,6% für ‚trifft voll zu' und ‚trifft eher zu'; 40,4% gegenüber 28,6% für ‚trifft eher nicht zu' und ‚trifft gar nicht zu' – $p<.01$). Auch beurteilen sie die Entscheidungsstrukturen an ihrer Schule als weniger transparent (56,6% gegenüber 67,0% für ‚trifft voll zu' und ‚trifft eher zu'; 41,9% gegenüber 31,5% für ‚trifft eher nicht zu' und ‚trifft gar nicht zu' – $p<.01$).

Laut Auskunft der Waldorflehrer werden an den Waldorfschulen deutlich häufiger gemeinsame Zielvereinbarungen geschlossen (59,5% gegenüber 49,0% für ‚trifft voll zu' und ‚trifft eher zu'; 43,6% gegenüber 34,3% für ‚trifft eher nicht zu' und ‚trifft gar nicht zu' – $p<.01$) und diese auch öfters evaluiert (35,8% gegenüber 23,9% für ‚trifft voll zu' und ‚trifft eher zu'; 45,3% gegenüber 50,0% für ‚trifft eher nicht zu' und ‚trifft gar nicht zu' – beide Gruppen zeigen bei dieser Frage neben einer hohen negativen Antwortrate auch eine hohe Rate für ‚weiß nicht', ‚keine Angabe' – insgesamt: $p<.05$). Waldorflehrer bewerten die Informationsstrukturen an ihren Schulen als besser (59,0% gegenüber 52,0% für ‚trifft voll zu' und ‚trifft eher zu'; 47,5% gegenüber 39,5% für ‚trifft eher nicht zu' und ‚trifft gar nicht zu' – $p<.05$).

Befragung von Lehrern - Teil II: Interpretation der geschlossenen Fragen 73

Abbildung 34: Zusammenarbeit mit den Eltern

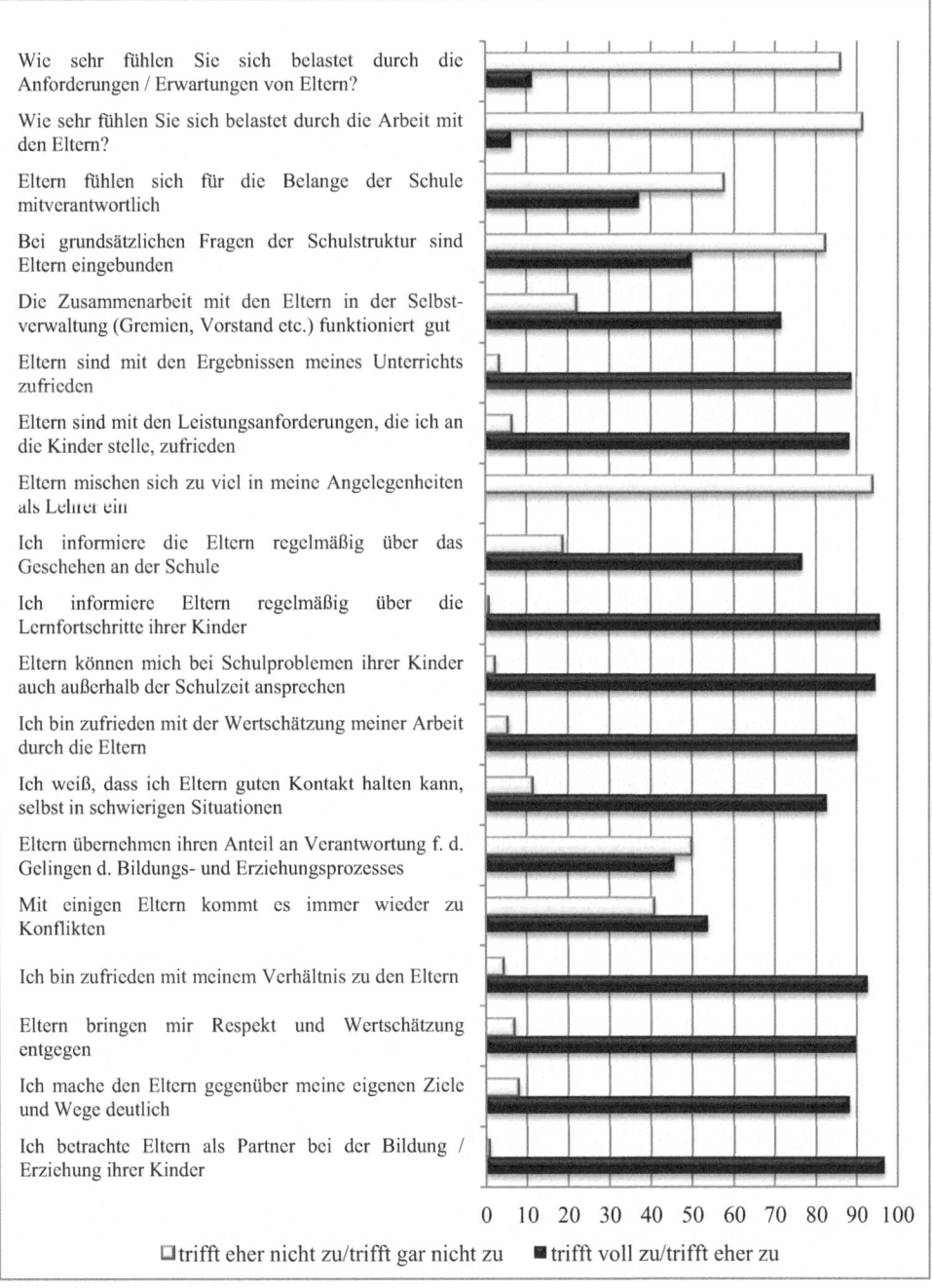

Aufgaben und Kompetenzen bei Personalfragen sind an Heilpädagogischen Schulen weniger klar geregelt als an Waldorfschulen (67,2% gegenüber 82,2% für ‚trifft voll zu' und ‚trifft eher zu'; 30,3% gegenüber 16,4% für ‚trifft eher nicht zu' und ‚trifft gar nicht zu' – p<.01). Auch die Mitarbeiterbetreuung wird schlechter bewertet (45,5% gegenüber 61,6% für ‚trifft voll zu' und ‚trifft eher zu'; 45,5% gegenüber 36,5% für ‚trifft eher nicht zu' und ‚trifft gar nicht zu' – p<.01). Waldorflehrer sehen Waldorfschulen in Bezug auf Neuerungen in der Unterrichtsgestaltung als offener an als heilpädagogische Lehrer die ihren (58,4% gegenüber 39,9% – p <.01). Es gibt jedoch keine Unterschiede hinsichtlich der Fragen nach der Aufgeschlossenheit der Kollegen für Veränderungen oder der Behinderung von Initiativen.

Zusammenfassend bewerten die heilpädagogischen Lehrer die Führung und Selbstverwaltung an ihrer Schule widersprüchlich und durchweg schlechter als ihre Kollegen an den Waldorfschulen. Sie äußern sich insgesamt zufrieden mit der Führung und Selbstverwaltung ihrer Schule, bemängeln aber zugleich in einem beträchtlichen Maße die fehlende Transparenz und Effektivität der Entscheidungen. Besonders kritisch wird die Begleitung der Mitarbeiter gesehen. Ambivalent ist auch die Bewertung der idealen Führungsstruktur. Hier findet kein Modell eine Mehrheit, die beiden am häufigsten genannten Modelle, das klassische Modell und das Mandatsmodell, erreichen ähnlich hohe Werte.

3.8 Die Zusammenarbeit mit den Eltern

Aus einer noch größeren Fülle von Fragen zur Zusammenarbeit mit den Eltern wird im Folgenden eine repräsentative Auswahl getroffen. Die Antworten zeichnen ein sehr eindeutiges – und vielfach sehr positives Bild (vgl. Abbildung 34).

Dabei liegen die Werte durchweg sehr hoch: So werden die Eltern von 97 Prozent der Befragten als Partner angesehen, 92,9 Prozent sind zufrieden mit ihrem Verhältnis zu den Eltern, und 90,4 Prozent fühlen sich wertgeschätzt in ihrem Unterricht (88,9%) und in den Leistungsanforderungen, die sie an die Kinder stellen (88,4%). Auch in schwierigen Situationen sehen 82,8 Prozent den Kontakt mit den Eltern nicht gefährdet. Damit stimmen die sehr geringen Werte hinsichtlich der Belastung durch die Elternzusammenarbeit bzw. die Erwartungen/Anforderungen durch die Eltern überein. Jedoch ist diese als sehr positiv veranschlagte Zusammenarbeit auf zwei Felder beschränkt: die Mitgestaltung der Schule durch die Eltern und, was wohl noch schwerer wiegt, der Einschätzung der elterlichen Verantwortung für das Gelingen des Erziehungs- und Bildungsprozesses. Nur 46 gegenüber 50 Prozent der Befragten sprechen dies den meisten oder vielen Eltern zu, 50 Prozent hingegen sehen es nur bei einigen oder wenigen Eltern gegeben. Noch weniger Befragte, nämlich 37,4 Prozent, sehen die Eltern für die Belange der Schule als mitverantwortlich an. Hinsichtlich der Schule sind 50 Prozent der Lehrer der Auffassung, dass die Eltern in grundsätzliche Fragen der Schulstruktur eingebunden sind, und die Zusammenarbeit in den Gremien wiederum schätzen 71,7 Prozent als funktional ein.

Diskussion
Die unmittelbare Zusammenarbeit mit den Eltern, ihre Zufriedenheit mit der pädagogischen Arbeit wird demnach sehr positiv beurteilt. Die hier erzielten Werte sind auch im Vergleich mit den anderen Bereichen sehr hoch – nur die Aussagen bezüglich der Beziehung zu den Kindern und der Unterrichtsqualität sind noch positiver. Allerdings betrifft dies nicht die

entscheidende Frage nach der elterlichen Mitverantwortung für den schulischen Bildungsprozess. Die Eltern werden hier in ihrer Zufriedenheit mit der Arbeit der Lehrer und der Schule sowie in ihrer Rolle als Mitwirkende und Mitgestaltende des Bildungsprozesses ihrer Kinder und seiner schulischen Rahmenbedingungen gesehen. Hier gibt es auch Unterschiede zu den Waldorfschulen: Die Zusammenarbeit mit den Eltern in der Selbstverwaltung funktioniert in Heilpädagogischen Schulen im Urteil der Lehrer weniger gut als in Waldorfschulen (71,4% gegenüber 84,0% für ‚trifft voll zu' und ‚trifft eher zu'; 22,2% zu 12,8% für ‚trifft eher nicht zu' und ‚trifft gar nicht zu' – $p<.01$). Eltern von Kindern in Heilpädagogischen Schulen sind, den Lehrern zufolge, in sehr erheblichem Ausmaß weniger in grundsätzliche Fragen der Schulstruktur eingebunden als in Waldorfschulen (50,0% gegenüber 82,2% für ‚trifft voll zu' und ‚trifft eher zu'; 44,4% gegenüber 14,8% für ‚trifft eher nicht zu' und ‚trifft gar nicht zu' – $p<.01$).

3.9 Belastung, Zufriedenheit und Selbstwirksamkeit

Auf die Frage nach belastenden Faktoren wurden von den Befragten 50 Antworten aus folgenden Bereichen genannt:

- Schüler, Eltern und Lehrer betreffend
- Unterricht und einzelne Tätigkeiten (beispielsweise Zeugnisse schreiben, Klassenfahrten)
- Arbeitsbedingungen
- Tätigkeiten in der Selbstverwaltung
- Persönliche Belastungen
- Finanzielle Belastungen.

Neun Faktoren wurden von mehr als 30 Prozent der Befragten benannt (vgl. Abbildung 35).

Zu den am häufigsten genannten Belastungsfaktoren zählen – neben dem Beruf im Allgemeinen – die finanzielle Situation der Schule (dies geben 47,5% an) und die eigene Besoldung (38,4%). Im Hinblick auf die Arbeit in der Selbstverwaltung werden organisatorische Tätigkeiten neben der pädagogischen Arbeit (39,9%), die Anzahl der wöchentlichen Arbeitsstunden (36,4%) und das Schreiben der Zeugnisse (39,9%) genannt. Private Lebensereignisse fallen ebenfalls bei mehr als einem Drittel der Befragten ins Gewicht (34,3%). Nahezu ein Drittel (32,3%) fühlt sich durch die eigenen Ansprüche an die Pädagogik belastet. Mehr als 30 Prozent nennen ferner schulpolitische Entscheidungen, die im Gegensatz zu den waldorfpädagogischen Intentionen stehen. Unter diesen am meisten genannten Belastungsfaktoren werden Probleme mit den Schülern, den Eltern und den Kollegen *nicht* erwähnt (vgl. Peters, 2013, S. 205ff.).

Zufriedenheit

Die Frage nach der *Zufriedenheit mit dem Beruf* und seinen verschiedenen Aspekten wurde oft berührt. Es ergeben sich zusammengefasst hohe Zufriedenheitswerte von über 85 Prozent mit der Beziehung zu den Schülern (100%) und zu den Eltern (92,9%), der Wertschätzung der eigenen Arbeit durch die Kollegen (85,4%), dem Niveau des Unterrichts (89,4%), den Leistungsanforderungen an die Schüler (91,9%) und der pädagogischen Qualität an der Schule (87,9%).

Abbildung 35: Belastungen

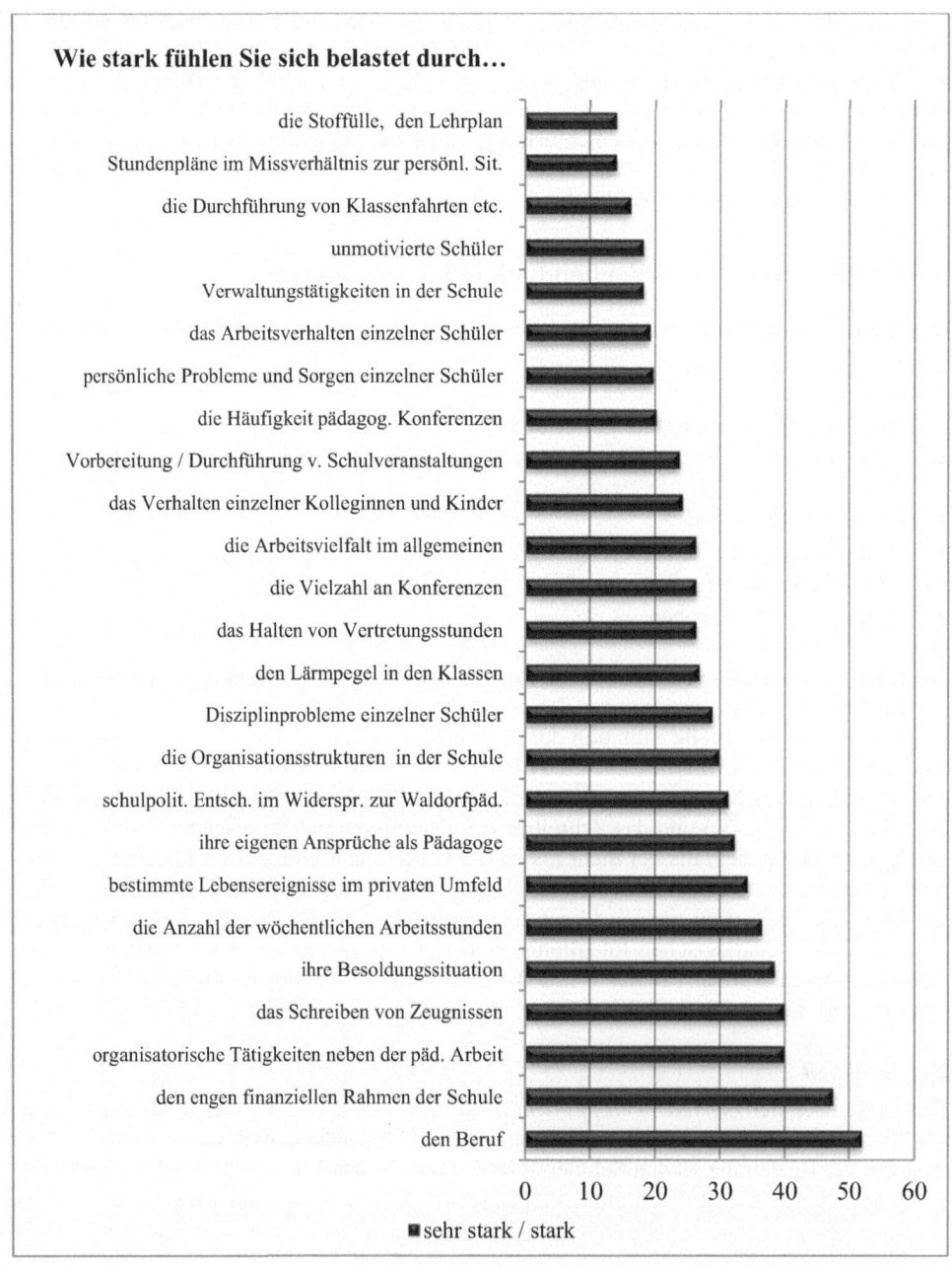

Mit der beruflichen Situation im Allgemeinen sind 89,9 Prozent zufrieden („voll zufrieden' oder ‚eher zufrieden'). Dies zeigt sich auch in den Aussagen zur Selbstwirksamkeit, in denen sich die Zufriedenheit mit der Arbeit und das Bewusstsein ihrer Wirksamkeit widerspiegelt. Auch hier werden hohe Werte in den verschiedenen Bereichen erreicht.

Auf die Kinder bezogen sagen 93,9 Prozent der Befragten, dass es ihnen gelingt, auch schwierige Kinder am Unterricht zu beteiligen und auf sie einzugehen, auch wenn es ihnen einmal nicht gut geht (84,8%), und überhaupt Schüler für neue Projekte zu begeistern (ebenfalls 84,8%). Ebenfalls sehr positiv sind die Aussagen zur Fähigkeit, den Unterricht zu gestalten, neue Ideen zu entwickeln und aus Intuition heraus zu handeln sowie gelassen zu bleiben.

Selbstwirksamkeit

Auf die eigene Person bezogen, geben drei Viertel (76,3%) an, dass der Lehrerberuf sie in ihrem Selbstgefühl stärkt, etwas weniger bezeichnen ihre Arbeit als Quelle erlebter Selbstwirksamkeit (73,2%). Noch mehr (86,4%) haben erlebt, dass sie sich in der Arbeit selbstverwirklichen können. Beinahe zwei Drittel der Befragten (63,6%) geben an, auf die Menge ihrer Arbeit Einfluss zu haben.

Knapp zwei Drittel (65,7%) sind zufrieden mit der Rückmeldung, die sie zu ihrer Arbeit erhalten. Mit der Wertschätzung ihres Berufes in der Öffentlichkeit sind 67,2 Prozent entweder völlig oder tendenziell zufrieden.

Ihre berufliche Leistungsfähigkeit schätzen die heilpädagogischen Lehrer wie in Abbildung 36 ersichtlich ein.

Abbildung 36: Berufliche Leistungsfähigkeit

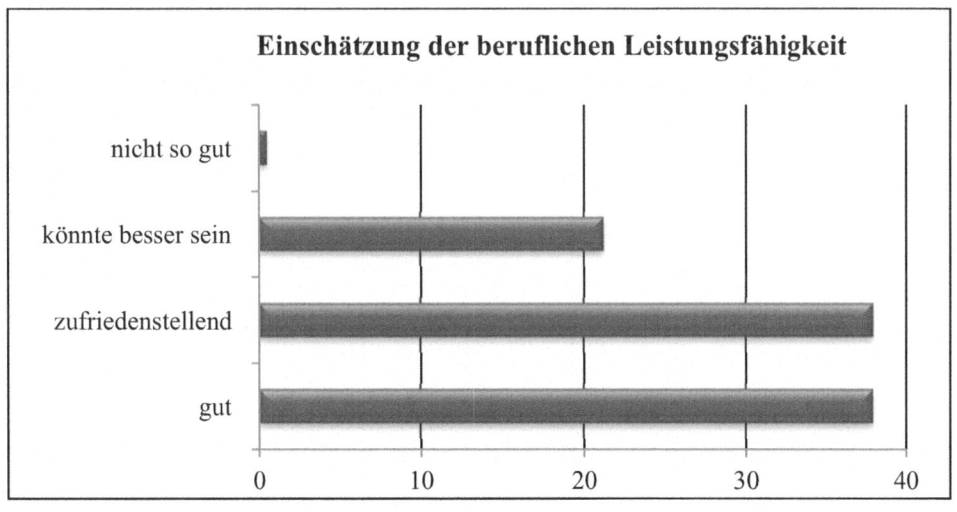

Damit bezeichnen 75,8 Prozent der Befragten ihre berufliche Leistungsfähigkeit entweder als gut oder als zufriedenstellend (jeweils 37,9%). Ein etwas anderes Bild ergibt sich hinsichtlich des Gesundheitszustandes.

Abbildung 37: Allgemeiner Gesundheitszustand

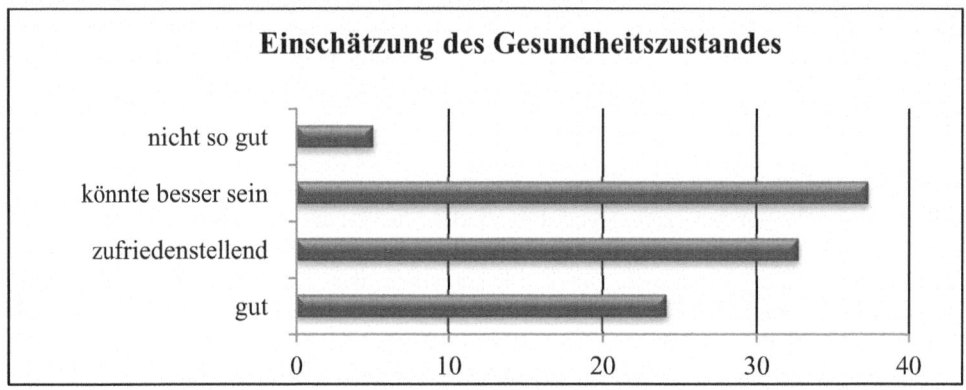

Diesen geben 57,0 Prozent mit gut (24,2%) oder zufriedenstellend (32,8%) an, und 42,5 Prozent mit ‚könnte besser sein' oder mit ‚nicht so gut' (37,4% bzw. 5,1%). Dabei bringen mehr als ein Drittel körperliche und seelische Probleme mit dem schulischen Alltag in Verbindung.

Abbildung 38: Gesundheitsprobleme

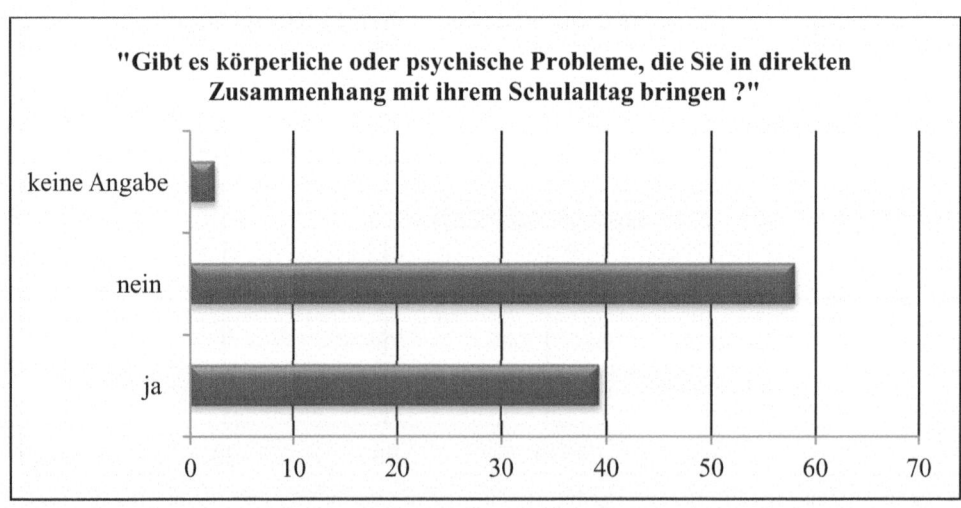

Auf die Frage nach der Natur dieser Probleme – hier waren Mehrfachnennungen möglich – wurden als gesundheitliche Probleme am meisten Erschöpfungszustände (21,8%) und

Schlafprobleme (16,7%) genannt, unter den psychischen Problemen in gleichem Ausmaß Nervosität, Ängste, Stresserleben und Depressionen (zwischen fünf und sieben Prozent).

Diskussion

Die Befragten zeigen sich insgesamt hoch zufrieden mit ihrer Arbeitssituation, insbesondere mit ihrer genuin pädagogischen und heilpädagogischen Arbeit. Wie schon dargestellt, zeigen sich die Lehrer aber mit spezifischen Aspekten der Führung und Selbstverwaltung weniger zufrieden. Zugleich sehen sich mehr als die Hälfte durch ihren Beruf belastet. Unter den Belastungsfaktoren stechen hervor: die finanzielle Situation des Einzelnen wie der Schule, Tätigkeiten in Verbindung mit der Selbstverwaltung, die Arbeitsfülle im Allgemeinen und das Schreiben der Zeugnisse sowie private Ereignisse. Bemerkenswert ist, dass der erste schülerbezogene Belastungsfaktor (Disziplinprobleme einzelner Schüler) erst an elfter Stelle genannt wird. Die positive Bewertung der beruflichen Leistungsfähigkeit erreicht mit über 75 Prozent einen hohen Wert, die Bewertung des Gesundheitszustandes mit 42,5 Prozent bezogen auf die Aussagen ‚könnte besser sein' und ‚nicht so gut' erscheint dagegen problematisch.

Im Vergleich mit den Waldorflehrern (Randoll, 2013) ergibt sich, dass diese in stärkerem Maße erleben, dass ihr Beruf sie in ihrem Selbstwertgefühl stärkt (95,5% gegenüber 90,9% für ‚trifft voll zu' und ‚trifft eher zu'; 2,4% gegenüber 5,6% für ‚trifft eher nicht zu' und ‚trifft gar nicht zu' – p<.01). Sie zeigen sich auch zufriedener mit der Rückmeldung, die sie zu ihrer Arbeit erhalten, als heilpädagogische Lehrer (75,1% gegenüber 65,7% für ‚trifft voll zu' und ‚trifft eher zu'; 23,4% gegenüber 31,3% für ‚trifft eher nicht zu' und ‚trifft gar nicht zu' – p<.01). Heilpädagogische Lehrer hingegen zeigen sich deutlich zufriedener mit der Wertschätzung ihres Berufes in der Öffentlichkeit (67,2% gegenüber 54,8% für ‚trifft voll zu' und ‚trifft eher zu'; 28,8% gegenüber 43,5% für ‚trifft eher nicht zu' und ‚trifft gar nicht zu' – p<.01). Ebenfalls zeigen sie sich zufriedener mit dem Ruf ihrer Schule in der Öffentlichkeit (87,4% gegenüber 73,2% für ‚trifft voll zu' und ‚trifft eher zu'; 11,1% gegenüber 25,5% für ‚trifft eher nicht zu' und ‚trifft gar nicht zu' – p<.01). Die berufliche Leistungsfähigkeit schätzen Waldorflehrer deutlich besser ein als heilpädagogische Lehrer (‚gut' und ‚zufriedenstellend': 81,4% gegenüber 75,8%; ‚könnte besser sein' und ‚nicht so gut': 16,7% gegenüber 21,7% – p<.01). Auch ihren Gesundheitszustand schätzen die Waldorflehrer besser ein (65,7% gegenüber 57,1% für ‚zufriedenstellend' und ‚gut'; 32,8% gegenüber 42,4% für ‚könnte besser sein' und ‚nicht so gut' – p<.05).

Insgesamt erscheinen die heilpädagogischen Lehrer damit sowohl zufrieden als auch durch ihren Beruf und speziell seine Aspekte belastet. Ein substantieller Teil (39,4%) bringt gesundheitliche Probleme mit Problemen in der Schule in Zusammenhang. Gleichzeitig aber sind die Lehrer hoch zufrieden mit ihrer Beziehung zu den Schülern und ihrem Unterricht, sie sehen den Beruf als eine Quelle der Selbstwirksamkeit und der Selbstverwirklichung an. Damit ergibt sich eine Spannung, die sicher auch mit dem hohen Anspruch in Verbindung steht, der hier verfolgt wird: sowohl hinsichtlich der Ziele der Waldorfpädagogik als auch der Aufgaben in der Selbstverwaltung, die ja von mehr als zwei Dritteln als eine Überforderung angesehen werden, als auch schließlich hinsichtlich einer Arbeit, die in hohem Maße als mit der eigenen Persönlichkeit verbunden gesehen wird. Zugleich ist zu bemerken, dass unter den Belastungsfaktoren die schlechte finanzielle Situation einen hohen Stellenwert hat.

Abbildung 39:   *Bewältigungserleben*

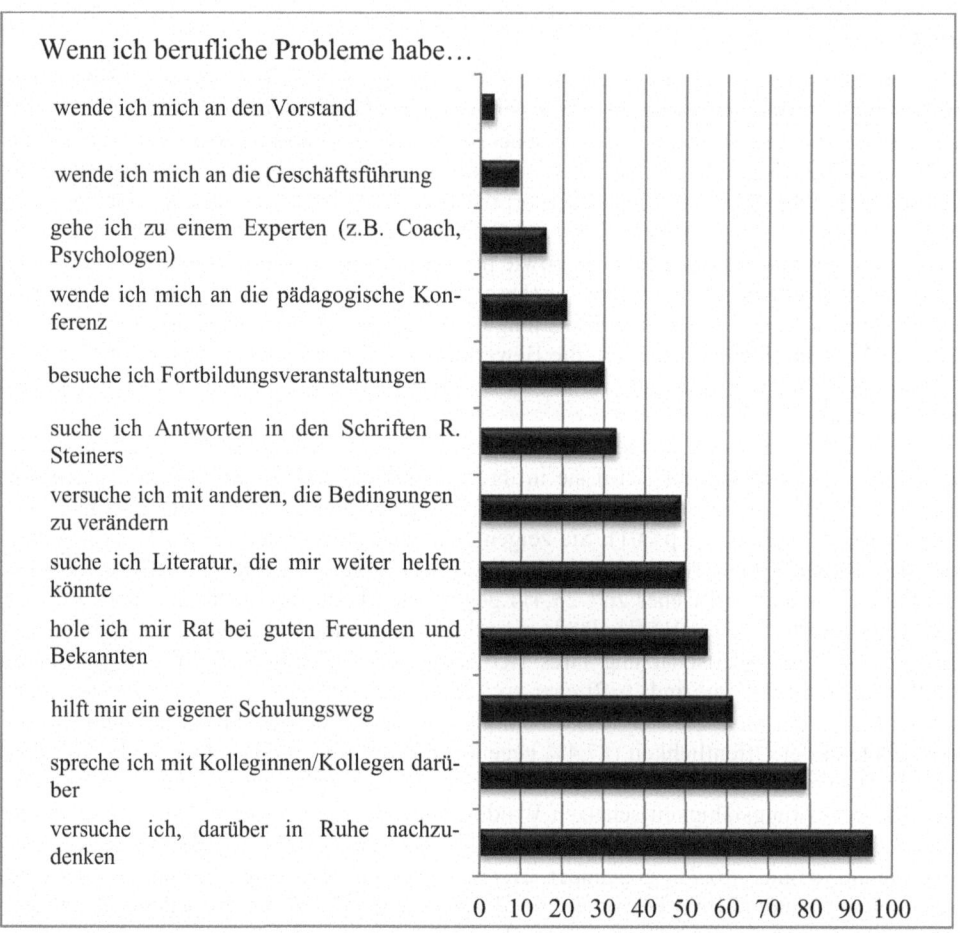

3.10 Bewältigung und Ressourcen

Wie schon oben angedeutet, versuchen die befragten Lehrer bei beruflichen Problemen, diese zunächst gedanklich zu bearbeiten (95,5%) bzw. sprechen mit Kollegen darüber (79,3%) oder auch mit Freunden und Bekannten (55,5%). Eine bedeutende Hilfe bietet auch der eigene Schulungsweg (61,6%) sowie entsprechende Literatur (50%). Knapp die Hälfte der Befragten versucht hier mit anderen gemeinsam, die Arbeitsbedingungen an der Schule zu verändern (49,0%).

    Bei der Frage, woraus die Lehrer neue Kraft schöpfen, waren Mehrfachnennungen möglich. Besonders häufig wurden hier Tätigkeiten in Verbindung mit Natur und Kultur sowie soziale Aktivitäten genannt (vgl. Abbildung 40).

Abbildung 40: Ressourcen

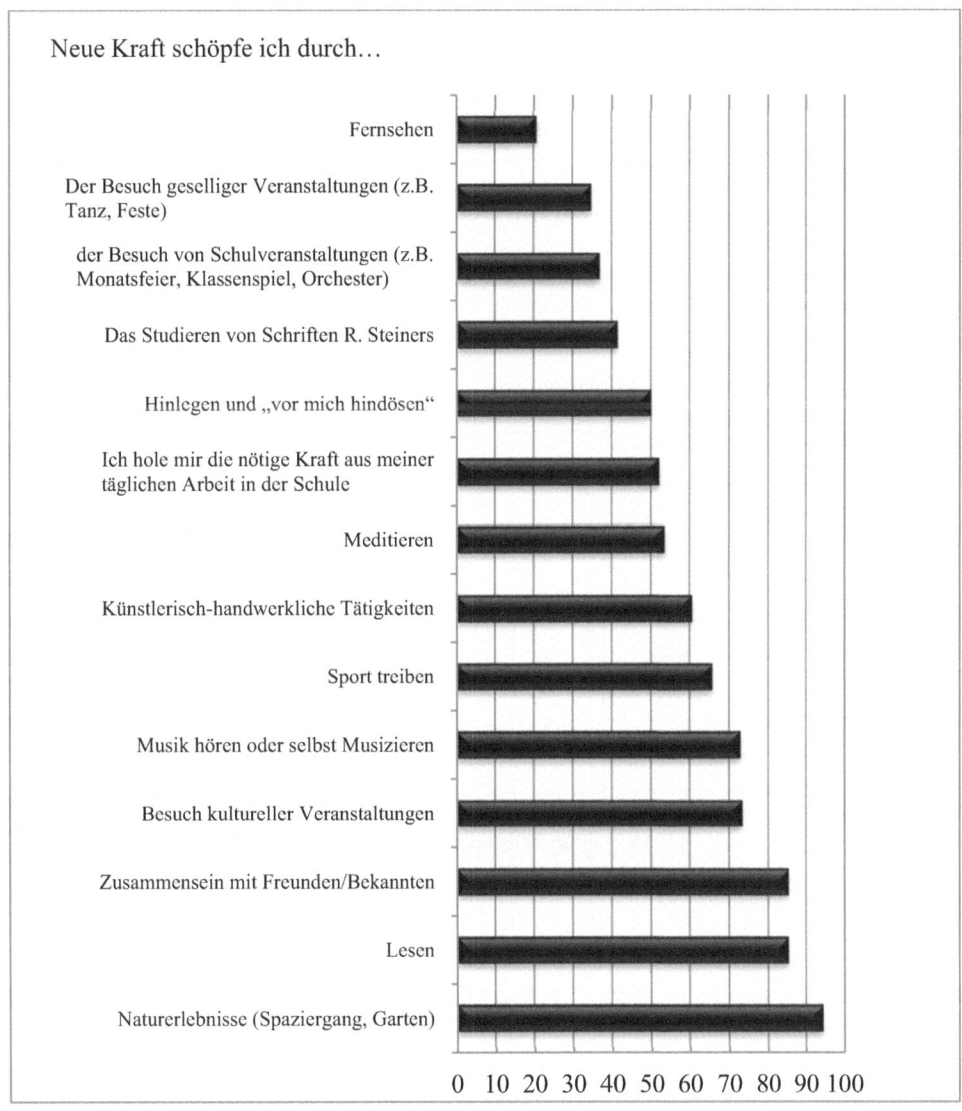

94,4 Prozent schöpfen Kraft aus Naturerfahrungen, 85,4 Prozent jeweils aus Lesen und dem Zusammensein mit Freunden und Bekannten, 73,3 Prozent aus dem Besuch kultureller Veranstaltungen, wie Theater, Oper, Museum und Kino, 72,7 Prozent aus dem Hören von Musik oder aus dem Musizieren. Es folgen sportliche (65,7%) und künstlerisch-handwerkliche Tätigkeiten (60,6%). Mehr als die Hälfte der Befragten schöpfen Kraft aus der Meditation (53,5%) und ebenfalls mehr als die Hälfte aus der täglichen Arbeit an der Schule (52%).

3.11 Die finanzielle Situation

Bei der Frage nach der idealen Gehaltsordnung waren ebenfalls verschiedene Formen vorgegeben. Hier favorisieren zwei Drittel der Befragten (65,2%) ein einheitliches Gehalt für alle. 16,2 Prozent wünschen sich eine Anlehnung an staatliche Besoldungsstrukturen, abhängig von den erworbenen Studien- und Berufsabschlüssen. 6,1 Prozent favorisieren ein Gehalt, das an individuelle Leistungsvereinbarungen gebunden ist, 4,5 Prozent ein eigenes Idealmodell. Für ein Modell, das sich an familiäre Solidarstrukturen anlehnt, in denen jeder für sich nimmt, was er für angemessen bzw. für notwendig hält, sprechen sich 1,5 Prozent aus.

Laut Aussagen der Befragten arbeiten 66,6 Prozent von ihnen an einer Schule mit eigener Gehaltsordnung.

Abbildung 41: Schuleigene Gehaltsordnung

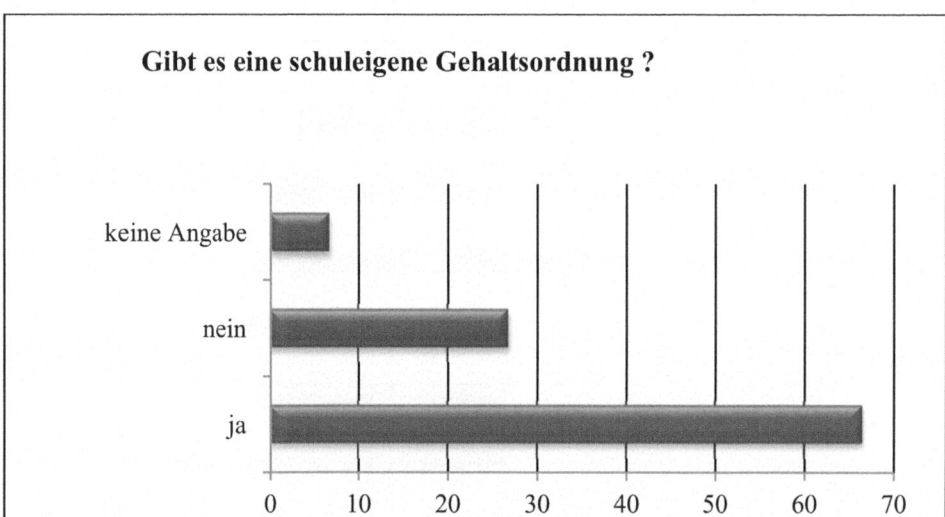

Die Gehaltsordnung an der eigenen Schule empfinden knapp die Hälfte der Befragten (47,7%) als ausgewogen, 46,2 Prozent sind anderer Ansicht.

Abbildung 42: Einschätzung der Gehaltsordnung

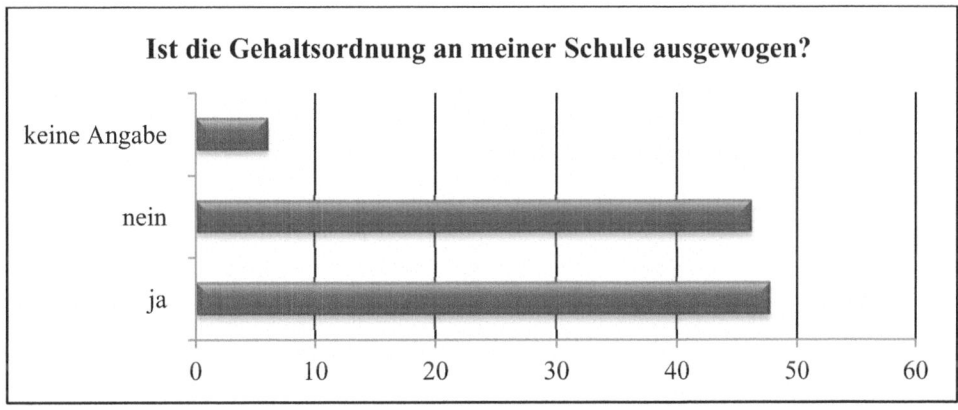

Wie schon deutlich geworden ist, gestaltet sich die Einkommenssituation für die heilpädagogischen Lehrer problematisch.

Abbildung 43: Zufriedenheit mit der Gehaltssituation

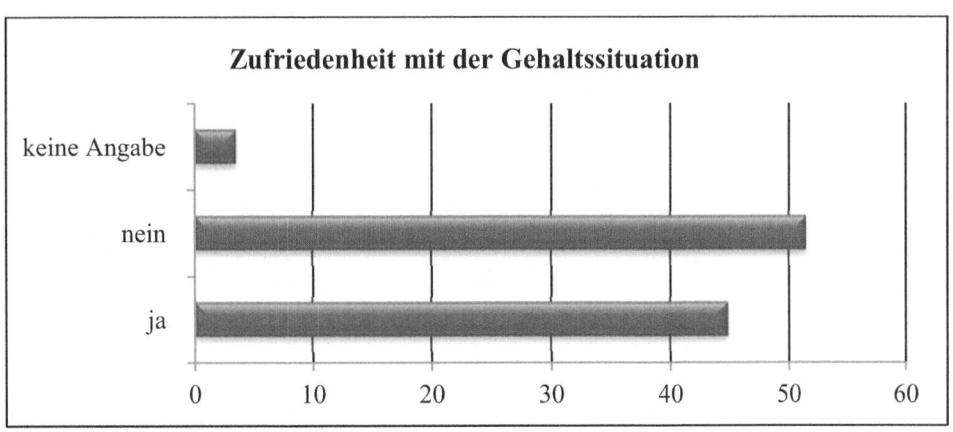

Demnach sind mehr als die Hälfte (51,5% gegenüber 44,9%) nicht mit ihrer Gehaltssituation zufrieden. Noch gravierender wird das Bild, wenn es um die finanziellen Ressourcen der Schule für die Personalkosten geht.

Abbildung 44: Personalkosten

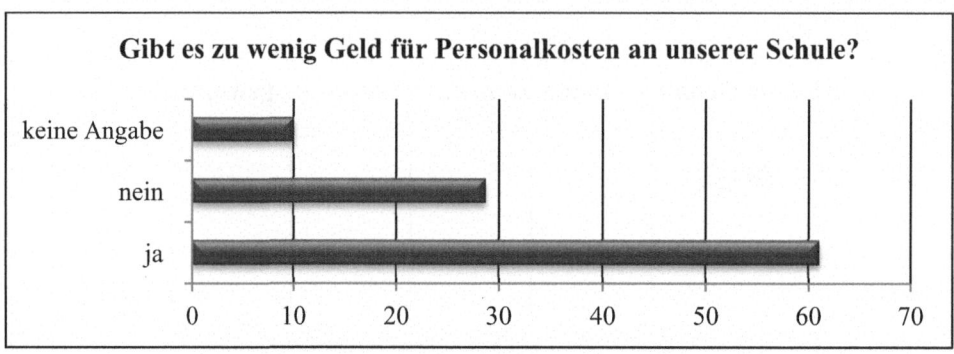

61,1 Prozent der Befragten sind der Ansicht, dass die Schulen zu wenig Geld für Personal haben – im Gegensatz zu 28,8 Prozent.

Diskussion

Die Bewertung der finanziellen Situation wie auch die Regelung der Gehaltsordnung gehören damit zu den am schlechtesten bewerteten Fragen der gesamten Erhebung. Dies betrifft die für Personalkosten an der Schule zur Verfügung stehenden Mittel ebenso wie die eigene Gehaltssituation. Auch die Bewertung der Gehaltsordnung an der eigenen Schule wird nur von einer knappen Mehrzahl als ausgewogen empfunden. Diese Bewertungen liegen fast alle unter denen für die Bereiche Selbstverwaltung, Struktur und Führung – mit Ausnahme der Bewertung der Betreuung der Mitarbeiter. Damit ergibt sich das Bild, dass die meisten heilpädagogischen Lehrer – und auch die Waldorflehrer – den Eindruck haben, eine anspruchsvolle Arbeit mit großem Engagement zu leisten, ohne dafür die entsprechende finanzielle Anerkennung zu erhalten.

4 Gesamtdiskussion

Die vorliegende Untersuchung sollte angesichts der Anzahl der Befragten (N = 198) als eine explorative Studie gewertet werden, deren Ergebnisse anhand einer größeren Gruppe überprüft werden könnten. Hinzu kommt, dass mit einem Altersdurchschnitt von 49,3 Jahren hier vor allem heilpädagogische Lehrer mittleren und höheren Alters abgebildet sind.

4.1 Berufliches Selbstverständnis und pädagogische Qualität

Aus den Antworten auf die offenen wie auf die geschlossenen Fragen spricht eine starke Identifikation mit der eigenen Arbeit und dem Feld, in das sie eingebettet ist. Die Lehrer zeigen sich zudem in hohem Maße mit ihrer Arbeit zufrieden und haben ein großes Vertrauen in die eigene Wirksamkeit. In ihren Augen erleben die Schüler den Unterricht als sinnvoll und an ihren Bedürfnissen und Wünschen orientiert. Die positive Bewertung erstreckt sich auch auf die eigene Intuitionsfähigkeit, auf die Beurteilung des Leistungsniveaus der Schüler auch ohne häufige Leistungserhebungen sowie auf das Eingehen auf besonders fähige wie auf besonders herausfordernde Schüler. Die Lehrer sind ferner davon überzeugt, dass auch die Eltern mit ihrer Arbeit sehr zufrieden sind. Bei der Bewertung dieser Antworten ist jedoch zu bedenken, dass die durchweg sehr hohen positiven Werte vor allem auf der Antwort ‚trifft eher zu' beruhen, womit eine *Tendenz* ausgedrückt wird.

Bemerkenswert ist hier auch, dass mehr als zwei Drittel mit dem fachlich-inhaltlichen Niveau ihres Unterrichts hier *tendenziell* (‚trifft eher zu') zufrieden sind. Man könnte dies als Bescheidenheit oder als eine gewisse Unsicherheit im Hinblick auf die eigene Fachlichkeit interpretieren. Auf jeden Fall liegt hier ein bedeutender Unterschied zur Selbsteinschätzung der Waldorflehrer vor, die sich an dieser Stelle positiver einschätzen. Es bleibt auch hier offen, welche Abstützung die Selbstevaluation durch diese Bewertung von außen erfahren würde. Hinsichtlich der Schüler und der Eltern liegen keine Daten vor, das Urteil über die Kollegen und die allgemeine pädagogische Qualität fällt ebenfalls sehr positiv aus. Allerdings berichtet nur die Hälfte der Befragten, dass an ihrer Schule Unterrichtshospitationen durchgeführt werden, und dies ist darüber hinaus eine zunächst allgemeine und nicht auf die eigene Arbeit bezogene Antwort.

Die Antworten auf die offenen Fragen ergeben eine starke Orientierung auf die Förderung des Prozess des Lernens als solchen, wohingegen schulische Ziele im engeren Sinne nicht thematisiert werden. Im Vordergrund stehen dagegen die Freude am Lernen, die Ausbildung von Konzentration und Reflexionsfähigkeit sowie von Motivation und Selbstvertrauen. Diese Bedeutung von Motivation, Emotionalität und Selbstvertrauen für ein nachhaltiges Lernen gehört zum Allgemeinwissen der Pädagogik (Schumacher & Stern, 2012, S. 383ff.) und wird durch die Ergebnisse neurowissenschaftlicher Forschung bestätigt (Roth, 2011, S. 285ff.). Bemerkenswert ist, dass die heilpädagogischen Lehrer hier eindeutig ihren Akzent legen. Dies hat sicher auch damit zu tun, dass heilpädagogischer Unterricht per se darauf angelegt ist, die allgemeinen Aspekte des Lernens und seine Voraussetzungen zu erarbeiten. Daher betonen die heilpädagogischen Lehrer diese Aspekte stärker als die Waldorflehrer. Gleichwohl stellt sich die Frage, ob die Förderung spezifischer intellektueller Leistungen hier zu wenig in den Blick gerückt wird. Dies wird den Waldorfschulen seit jeher vorgeworfen (Ullrich, 1986, S. 17). Untersuchungen liegen hier jedoch nur für Schüler von Waldorf-Regelschulen vor. Der Studie von Barz und Randoll (2007) zufolge erleben ehemalige Waldorfschüler im Rückblick die Leistungsanforderungen und die Rückmeldung zu den erbrachten Leistungen an ihrer Schule als unzureichend, sie bemängeln eine zu geringe Wissensvermittlung und die fehlende Einübung von Lernstrategien. In einer weiteren, auf die aktuelle Situation bezogenen Studie (Liebenwein, Barz & Randoll, 2012) fühlen sich mehr als ein Drittel der befragten Schüler aus der neunten bis zwölften Klasse von Waldorfschulen häufig unterfordert. Im Rahmen einer Qualifikationsarbeit an einer Hochschule befragte Sauer (2013) sieben Schüler, die von dem Förderzweig einer Waldorfschule in den Regelzweig gewechselt waren. Diese Schüler gaben übereinstimmend an, sie hätten sich in ihrer Förderschulzeit im Hinblick auf die schulische Leistung häufig unterfordert gefühlt. Hier ist zudem zu berücksichtigen, dass die Förderschulen – insbesondere die des Förderschwerpunktes Lernen – allgemein in der Kritik stehen, sie würden die ihnen aufgetragenen Ziele nicht erreichen.[35] Wenngleich die hier erwähnten Befunde nicht für die heilpädagogischen Waldorfschulen gelten bzw. nicht für sie repräsentativ sind, erscheint es sinnvoll, die Frage nach der Leistungsförderung weiter zu erforschen.

Bei den Faktoren, welche die allgemeine pädagogische Qualität im Urteil der Lehrer ausmachen, gehört die Leistungsförderung jedoch zu den tragenden Säulen. Weitere entscheidende Elemente bilden Fachlichkeit, Begeisterungsfähigkeit und Intuitionsvermögen, die Wertschätzung der Arbeit durch die Lehrer sowie die Zufriedenheit mit dem Verhältnis zu den Kindern. Damit wird deutlich, dass die Gestaltung der Beziehung zu den Schülern ein wichtiges Element *unter anderen* ist. Dieser Befund wird auch dadurch unterstützt, dass Fachlichkeit und Intuitionsvermögen nicht als antagonistisch, sondern im Zusammenhang gesehen werden. Lehrer, die sich ein hohes Maß an Fachlichkeit bescheinigen, beurteilen auch das eigene Intuitonsvermögen positiv. Die Zufriedenheit mit der eigenen Fachlichkeit und dem fachlichen Niveau des Unterrichts ist nicht mit der Qualität der Beziehung zu den Schülern verbunden, diese wiederum mit dem Intuitionsvermögen: Die Fähigkeit, neue Ideen zu bilden, ist im Urteil der Lehrer damit keine isolierte Fähigkeit, sondern sie ist an die Beziehung zu den Schülern gebunden und damit stets an konkrete Situationen im Verhältnis von Schüler, Lehrer und Gegenstand.

4.2 Lehrer-Schüler-Beziehung

Die Lehrer zeigen sich von der pädagogischen Qualität ihrer Arbeit überzeugt, insbesondere von ihrer Beziehung zu den Schülern, die im Zentrum der pädagogischen Arbeit steht. Diese wird als vertrauensvoll, respektvoll und freundlich geschildert. Die Antworten belegen durchgängig, dass die Gestaltung der Beziehung zu den Schülern als das tragende Element schulischen Lernens angesehen wird, dessen Essenz wiederum die Entwicklung der Persönlichkeit ist. Hinsichtlich der Gestaltung der Beziehung zu den Schülern zeigen sich die heilpädagogischen Lehrer hiermit insgesamt hoch zufrieden. Dabei werden nicht nur signifikant höhere Werte erzielt als bei den Antworten der Waldorflehrer, die schon ihrerseits hohe Werte erzielen, die Antworten auf die sechs diesbezüglichen Fragen erreichen darüber hinaus einen Wert von über 90 Prozent – wobei zu berücksichtigen ist, dass mit der Formulierung ‚trifft eher zu' zugleich die Stärke der Aussage relativiert wird. Diese Aussa-

---

[35] Im Jahr 2006 verließen 77 Prozent aller Förderschüler die Pflichtschule ohne Schulabschluss (vgl. Schumann, 2009).

gen betreffen hier das Urteil der Lehrer selbst. Zu den Erfahrungen der Schüler in heilpädagogischen Waldorfschulen liegen noch keine Forschungen vor. Eine retrospektive Befragung von ehemaligen Waldorfschülern von Barz und Randoll (2007) ergab ebenfalls hohe Werte bezüglich der positiven Bewertung der Lehrer-Schüler-Beziehung: Mehr als 80 Prozent der Befragten fühlen sich von den Lehrern ernst genommen und anerkannt, 75,7 Prozent hatten den Eindruck, dass ihre Lehrer an ihren Gefühlen und Einstellungen interessiert waren, und 73,1 Prozent empfanden ihre Lehrer als verständnisvolle Gesprächspartner (Barz & Randoll, 2007). Damit einher geht das Erleben von mehr als vier Fünfteln der Schüler, sie hätten sich in der Schule wohl und zugehörig gefühlt (Barz & Randoll, 2007). Beim Vergleich von Urteilen von Oberstufenschülern und Oberstufenlehrern an Waldorfschulen zur Lehrer-Schüler-Beziehung ergeben sich jedoch Unterschiede. So kontrastiert Randoll die Antworten von Oberstufenlehrern des hier ausgewerteten Lehrerfragebogens mit Antworten von Waldorfschülern der neunten bis zwölften Klasse aus einer anderen Erhebung (Liebenwein, Barz & Randoll, 2012). Dabei ergibt sich eine skeptischere Beurteilung seitens der Schüler: Geben etwa 90 Prozent der Oberstufenlehrer an, dass sie von Seiten ihrer Schüler Respekt und Anerkennung erfahren und ein vertrauensvolles Verhältnis zu ihnen haben, bestätigen dies 58,9 Prozent der Schüler in Bezug auf die Antwortskalen „Die meisten/viele Lehrer". Bei einem anderen – nicht deckungsgleichem – Item fällt die Differenz geringer aus: Zwei Drittel der Lehrer geben an, dass sich die Schüler auch mit persönlichen Problemen an sie wenden. Dem stehen die 62,2 Prozent Oberstufenschüler gegenüber, die sich in ihren Problemen als Schüler ernst genommen fühlen (Randoll, 2013, S. 94).

Die starke Betonung der Gestaltung der Lehrer-Schüler-Beziehung und ihrer Bedeutung für das schulische Lernen findet Bestätigung von Seiten der Professionstheorie (vgl. Krautz & Schieren, 2013, S. 7ff.) ebenso wie durch Befunde der Neurophysiologie und der Entwicklungspsychologie (Fuchs, 2013; Roth, 2011, S. 287ff.; Thomasello, 2006) sowie der empirischen Bildungsforschung. So weist die Metaanalyse des Bildungsforschers John Hattie (2009) die Lehrer-Schüler-Beziehung als einen der zentralen Wirksamkeitsfaktoren für den schulischen Lernerfolg aus. Dabei ist bemerkenswert, dass die hier erforschten konstitutiven Elemente einer tragenden Beziehung, wie Offenheit, Respekt und Empathie, im Sinne eines Eingehens auf die Bedürfnisse und die Persönlichkeit der Kinder Haltungen sind, die von den befragten Lehrern in ihren Antworten auf die offenen Fragen als die zentralen Aspekte ihrer Arbeit bezeichnet werden. Man kann also annehmen, dass die von Hattie weitgehend für „Regelschüler" gefundenen Ergebnisse für Schüler mit Lernschwierigkeiten in erhöhtem Maße gelten (vgl. Jungmann & Reichenbach, 2013). Gleichwohl besteht die Möglichkeit, dass die sich hier ergebende starke Betonung der Beziehung auch zu Lasten der schulischen Leistungsförderung geht oder zu einer problematischen Nähe führt (Helsper et al., 2007, 299ff.).

Im Umgang mit „schwierigen" Kindern werden weniger die Fachlichkeit als die Fähigkeit, neue Ideen zu entwickeln, intuitiv zu handeln und die Schüler zu begeistern, sowie Gelassenheit als entscheidend angesehen.

Fragen, die sich mit der Beziehung zu den Schülern befassen, thematisieren die Natur dieser Beziehung (vertrauensvoll, respektvoll usw.), die Zufriedenheit des Lehrers hinsichtlich dieser Beziehung sowie die Belastung durch verschiedene Verhaltensweisen von Schülern (störende Schüler, Schüler mit persönlichen Problemen, unmotivierte Schüler). Hier zeigt sich, dass die Wertschätzung der Arbeit des Lehrers durch die Schüler eine Schlüsselkategorie darstellt. Mehr als andere Items – der Respekt der Schüler vor der Person des Lehrers oder eine vertrauensvolle Beziehung – scheint die erfahrene Wertschätzung des Lehrers in seiner Arbeit eine Art Schutzfaktor bei Problemen im Umgang mit den Schülern zu sein. Dies bedeutet hier eine Differenzierung des Verständnisses der Lehrer-Schüler-Beziehung, insofern es weniger um die Beziehung an sich als um die in der Auseinandersetzung mit dem Lerngegenstand fundierte Beziehung geht.

4.3 Bezug zur Anthroposophie

Die Befragten zeigen ein überwiegend positives Verhältnis zur Anthroposophie. Etwa ein Drittel der Lehrer bezeichnet sich als engagiert, ein weiteres Drittel als „positiv bejahend" und etwa ein weiteres Viertel steht der Anthroposophie „kritisch sympathisch" gegenüber. Zusammengenommen ergibt dies einen Anteil von über 90 Prozent der Befragten, die der Anthroposophie positiv gegenüberstehen. Die Bedeutung der Anthroposophie wird insgesamt höher für die Berufstätigkeit als für das tägliche Leben eingeschätzt, wobei auch Letzteres von immerhin zwei Dritteln der Befragten bejaht wird. Dabei ist für die Bearbeitung beruflicher Probleme der persönliche Schulungsweg bedeutender als die Lektüre der Schriften Rudolf Steiners, wenngleich diese in dieser Situation von etwa einem Drittel als hilfreich erlebt wird. Diese und weitere Antworten weisen auf eine ausgeprägt spirituelle Orientierung der heilpädagogischen Lehrer hin, die sich in einem spirituellen Weltvertrauen ebenso äußert wie in der Bedeutung der Mediation als persönliche Ressource. Insofern die Beziehung zur Anthroposophie für die berufliche Arbeit wie für das tägliche Leben als wichtig erachtet wird, verbindet sie beide Bereiche in der Persönlichkeit der Lehrer. Gleichwohl bildet der Bezug zur Anthroposophie eine Sphäre für sich, insofern das Verhältnis zur Anthroposophie nicht in Zusammenhang mit wichtigen Fragen der Arbeit, wie Zufriedenheit und Belastung im Allgemeinen, Bezug zu Kindern und Eltern oder die erlebte Qualität des eigenen Unterrichts, gesehen wird. Jedoch scheint das Verhältnis zur Anthroposophie bzw. eine allgemein spirituelle Orientierung für heilpädagogische Lehrer ein protektiver Faktor im Hinblick auf psychische und physische Erkrankungen zu sein (vgl. Kapitel 5).

4.4 Zur Waldorfpädagogik

Die heilpädagogischen Lehrer lassen eine hohe Identifikation mit der Waldorfpädagogik erkennen. Zugleich ergibt sich ein differenziertes Bild der Waldorfpädagogik und der Herausforderungen, die sich an sie stellen. Es zeigt sich, dass die heilpädagogischen Lehrer die Waldorfpädagogik nicht als ein Set von Überzeugungen, Theorien und Verhaltensregeln begreifen, das auf die aktuelle Situation jeweils anwendbar wäre. Vielmehr ergeben sich für die Befragten Aufgabestellungen in zwei Richtungen: in der Erarbeitung und Vertiefung der waldorfpädagogischen Grundlagen auf der einen Seite und in einer Verbindung mit den gegenwärtigen Herausforderungen auf der anderen, ebenso wie mit den in anderen Kontexten erarbeiteten Fragestellungen und Ergebnissen. Damit ist die zentrale Herausforderung benannt, welche die Lehrer für die Waldorfpädagogik sehen.

So zeigen sich die Lehrer nicht daran interessiert, sich in einem „selbstreferenziellen System" und einer „selbstgewählten Isolation" aufzuhalten, die der Waldorfschule attestiert werden (Randoll, 2013, S. 51).[36] Gerade in der Verbindung beider Anliegen – Vertiefung der Waldorfpädagogik und Aufgeschlossenheit gegenüber aktuellen Entwicklungen – zeigt sich, entgegen diesbezüglicher Kritik, ein Vertrauen darin, aus den eigenen Wurzeln heraus neue Antworten auf die Zeitanforderungen zu finden.[37] Eine ähnliche Leitvorstellung – die Verbindung von kritischer Weiterentwicklung der Waldorfpädagogik in engem Bezug zu den Aufgaben der Gegenwart – ergibt sich aus der Befragung der Waldorflehrer.[38]

Bemerkenswert ist hinsichtlich der Antworten gerade auf die offenen Fragen, dass die Waldorfpädagogik in den Aussagen derer, die sie praktizieren, nicht als Kanon von Prinzipien, sondern als Gesamtzusammenhang von Grundlagen, Perspektiven und Methoden angesehen wird,[39] die auf das individuelle Kind bezogen werden müssen.[40] Dies wiederum setzt spezifische Haltungen voraus, die nicht einfach angenommen, sondern erarbeitet werden müssen. Weiterhin ist hervorzuheben, dass das Ausmaß der Orientierung am Waldorflehrplan nicht in Beziehung zur Unterrichtsqualität, zur Beziehung zu den Schülern oder zur Bewertung der eigenen pädagogischen Fähigkeiten steht. Dies lässt sich dahingehend interpretieren, dass die Orientierung am Waldorflehrplan einen wesentlichen, aber in keiner Weise hinreichenden Rahmen für die pädagogische Arbeit darstellt.

Grundlagen der Waldorfpädagogik

Die Erarbeitung von Waldorfpädagogik ist gleich in mehrfacher Hinsicht zu leisten. Zunächst hinsichtlich ihrer Grundlagen, obwohl es eine Vielfalt von Publikationen hierzu gibt. So erscheint eine kritische Ausgabe der Schriften Rudolf Steiners erst seit 2013 (Steiner, 2013). Steiner selbst hat keine systematische Darstellung der Waldorfpädagogik verfasst. Seine zahlreich vorliegenden Vorträge sollten nicht darüber hinwegtäuschen, dass seine schriftlichen Ausführungen zur Pädagogik (über einen Zeitraum von 17 Jahren verfasst) keine 50 Seiten ausmachen, zum Teil aphoristischer oder skizzenhafter Natur sind und noch dazu erhebliche Veränderungen im Hinblick auf die Charakterisierung der pädagogischen Tätigkeit und den gesamten Duktus der Darstellung durchlaufen haben.[41]

---

[36] Andere Autoren behaupten eine „teilweise ghettoisierende Existenz" (vgl. Zander, 2007, S. 1454).

[37] Dazu etwa Brater (2013, S. 33): „Es fällt der Waldorfschule heute offenbar schwer, aus ihren eigenen geistigen Wurzeln heraus neue Antworten auf die Veränderungen und neuen Anforderungen der Zeit zu finden."

[38] So kommt Graudenz (2013, S. 224f.) in der Auswertung der Antworten der Waldorflehrer auf die offenen Fragen zu dem Ergebnis: „Die wichtigsten Themenfelder, die die Waldorflehrer beschäftigen . . ., betreffen die ‚Weiterentwicklung', die ‚Lehrerrekrutierung', ‚Schülergewinnung', ‚Finanzierung' und die entschiedene ‚Bewahrung' im Sinne des Festhaltens an den Grundlagen der Anthroposophie und der Waldorfpädagogik . . . das erste Themenfeld, das als große Herausforderung wahrgenommen wird, ist die Weiterentwicklung/Veränderung sowie kritische Betrachtung der Waldorfpädagogik und ihres Fundamentes, der Anthroposophie. Dem Wandel in der heutigen Zeit mit ihren veränderten Gegebenheiten, Strukturen, Erkenntnissen, Anforderungen, Beschleunigungen, Kindheitsbildern, Ansprüchen von Eltern und Schülern, mit einer anderen Bildungs- und Schulpolitik und nicht zuletzt mit dem gesamten gesellschaftlichen Umfeld soll angemessen Rechnung getragen werden."

[39] Paschen (2008, S. 14) kennzeichnet die Waldorfpädagogik als „Relation zwischen Intentionen (Erziehung zur Freiheit), Wirkungsvorstellungen (das Ich bildet entwicklungsgemäß die physischen, psychischen und mentalen Organe), Inhalte und Methoden (. . .), künstlerische und Erkenntnis vertiefende Ausbildung sowie die anthroposophische Philosophie und Menschenkunde als generatives Prinzip."

[40] Diesen Zusammenhang entfaltet Grimm (1991, S. 27ff.) für die heilpädagogische Arbeit.

[41] So weist insbesondere Kiersch (1997, S. 29f.; 1978, S. 25ff.) darauf hin, dass Steiner bei der Beschreibung von Pädagogik von einer anfangs an technischen Begriffen orientierten Darstellung zu einer Beschreibung von Pädagogik als eines künstlerischen Prozesses übergeht.

Hinzu kommt, dass die Mehrzahl der überlieferten Vorträge Steiners zur Waldorfpädagogik die Voraussetzungen, auf denen sie beruhen, nicht thematisieren und ohne diese Voraussetzungen missverständlich sind. Die Notwendigkeit einer Erarbeitung der Waldorfpädagogik betrifft nicht nur die Inhalte, sondern auch ihren epistemologischen Status, oder anders gesagt: die Form der Beschreibung. Steiner selbst hat vielfach darauf hingewiesen, dass seine Darstellungen in erster Linie perspektivisch, charakterisierend und relational angelegt sind, insofern sie Phänomene miteinander in Beziehung bringen (vgl. Kiersch, 1990, S. 77ff.). Eine Reihe von Autoren haben diesen Sprachgebrauch charakterisiert: Kiersch spricht von „symbolischen Formen"[42] und Rittelmeyer (2010) versteht Steiners Beschreibungen als Elemente einer schulenden Heuristik, die keine Handlungsvorgaben macht, sondern die Beobachtung leitet und Perspektiven erschließt.[43] Schieren (2008b) unterscheidet einen *urteilenden* von einem *blicklenkenden* Begriffsgebrauch. Dieser, von Steiner oft verwendet, diene dazu, einen Sachverhalt überhaupt erst in die Aufmerksamkeit zu bringen.[44]

Erst vor diesem Hintergrund wird deutlich, dass die heilpädagogischen Lehrer von einer *Erarbeitung* oder *Vertiefung* der Waldorfpädagogik sprechen. Dies würde dann keinen Sinn ergeben, ginge es hier lediglich um die Bejahung eines Korpus von Annahmen oder Regeln. Vielmehr weisen ihre Aussagen auf die Erarbeitung von Perspektiven im obigen Sinne hin, was zugleich eine Arbeit am eigenen Sehen und Denken bedeutet, und diese Perspektiven müssen sich zudem in der Begegnung mit dem Kind oder dem Jugendlichen als fruchtbar bewähren.

Dies bedeutet mehr, als nur in der Lage zu sein, seine Perspektiven zu wechseln: Die Aufgabe betrifft auch das *Verhältnis* zum Wissen. So beschreibt Steiner in einer der wenigen schriftlichen (allerdings bloß als Skizze) vorliegenden Darstellungen das Verhältnis des Pädagogen zu seinem Wissen vom Menschen: „Man lernt das menschliche Wesen nicht in einem passiven Wissen kennen. Was man über den Menschen weiß, muss man wenigstens bis zu einem gewissen Grade als das Schöpferische des eigenen Wesens *empfindend* erleben; man muss es im eigenen Wollen als wissende Tätigkeit erfühlen" (Steiner, 1961, S. 288).

Das in verschiedenen und sukzessive eingenommenen Perspektiven erworbene Wissen wird an der eigenen Persönlichkeit gespiegelt und individualisiert. Hier reicht es nicht aus, von der Geltung von Aussagen überzeugt zu sein, sondern man muss sich diese so zu eigen machen, dass sie das eigene Sehen auf das Kind orientieren: „Ein im Leben webendes Wissen vom Menschen nimmt das Wesen des Kindes auf wie das Auge die Farbe aufnimmt" (Steiner, 1961, S. 289). So wird ein klassifizierendes Wahrnehmen in ein empfindendes Aufnehmen transformiert, das Wissen wird zum Organ, das etwas zur Erscheinung bringt,

---

[42] Diese und andere charakterisieren statt zu definieren, sie sind approximativ verstanden, sie sind gestalthaft oder präsentativ und metaphorisch (vgl. Kiersch, 1990, S. 80ff.).

[43] „Rudolf Steiners Schriften werden – auch nach dem Willen ihres Urhebers selber – nicht so sehr durch die dort mitgeteilten Einsichten und Behauptungen handlungsleitend (obgleich auch die „Lehre" Steiners sicher für viele maßgebend ist), sondern in Gestalt einer schulenden Heuristik, die sowohl das Wissen über Kinder als auch das emotionale Elementen und das kultivierte Willensleben betrifft – oder betreffen sollte." Rittelmeyer (2010, S. 9) spricht weiter von Kategorien, welche das Beobachtungsvermögen orientieren und phänomenologisch Neues erschließen lassen (vgl. auch Rittelmeyer, 1990).

[44] „In beiden Fällen werden Begriff eingesetzt. Die Begriffe werden im ersten Fall dazu verwendet, ihren eigenen Zusammenhang, ihren eigenen Gehalt der Erfahrungsgegebenheit aufzuprägen. Damit ist der Erkenntnisprozess abgeschlossen. Im zweiten Fall werden Begriff verwendet, um die Erfahrungsseite mit ihrer Hilfe zu beleuchten und deren eigene Qualitäten aufzusuchen" (Schieren, 2008a, S. 76.; vgl. auch Schieren, 2008b).

aber nicht bewertet.⁴⁵ Dadurch wird deutlich, warum in den Antworten auf die offenen Fragen zur Waldorfpädagogik deren Inhalte in Zusammenhang mit der Arbeit an der eigenen Persönlichkeit gesehen und stets auf die Begegnung mit dem Kind hin bezogen werden. Denn nur und insofern es gelingt, den Schüler in seiner Individualität zu sehen und zu begleiten, kann der Ansatz der Waldorfpädagogik realisiert werden.⁴⁶

Kontextualisierung der Waldorfpädagogik

Gleichwohl gibt es einen Kern von inhaltlichem Wissens oder Behaupten in der Waldorfpädagogik. Den vielfältigen Äußerungen, die auf die gegenwärtigen Herausforderungen an die Pädagogik im Allgemeinen und die Heilpädagogik im Besonderen verweisen, thematisieren die Frage, inwieweit die Waldorfpädagogik in ihrem Ansatz für heutige Aufgabenstellungen fruchtbar ist,⁴⁷ welcher gesellschaftlicher und institutionalisierter Rahmenbedingungen sie bedarf und welche Ressourcen die Pädagogen benötigen, die in diesem Sinne arbeiten wollen. Die Antworten der heilpädagogischen Lehrer machen hier deutlich, dass sie sich durch die Form der Organisation ihrer Schulen zum Teil als belastet empfinden und dass sie die ihnen zur Verfügungen stehenden Ressourcen, insbesondere diejenigen finanzieller Art, als nicht ausreichend erachten. Zudem sind sie zu mehr als zwei Dritteln der Ansicht, dass die Waldorfschulen zu viel Engagement von ihren Lehrern verlangen, eine Einschätzung, die auch von ehemaligen Waldorfschülern geteilt wird.⁴⁸ Und immerhin noch annähernd ein Drittel der Befragten erlebt den eigenen Anspruch an die pädagogische Arbeit als belastend.

Eine weitere Frage betrifft die Kontextualisierung der Pädagogik als solcher bzw. einzelner ihrer Aussagen oder Perspektiven. Dazu gehören etwa die historische Einordnung der Waldorfpädagogik in die reformpädagogische Bewegung (Kloss, 1955, 32ff.) sowie ihre Bezüge zu theosophischen Lehren oder zur Biographie Rudolf Steiners. Eine weitere Form der Kontextualisierung betrifft dessen inhaltliche Darstellungen, Aussagen oder Perspektiven. Folgt man den Beschreibungen, welche die befragten Lehrer von ihrer Arbeit geben, so werden die hier vorgebrachten Perspektiven wohl auch weit über den Rahmen der waldorfpädagogischen Orientierung hinaus Zustimmung finden. Es lässt sich sogar sagen, dass die meisten Beschreibungen keineswegs *spezifisch* für die Waldorfpädagogik sind (beispielsweise ein künstlerisch verstandener Unterricht, Ganzheitlichkeit, Entwicklungsorientierung, Bezug auf das Individuum). Dies gilt ebenso für die Haltung den Kindern ge-

---

[45] Steiner hat diesen Prozess an anderer Stelle als einen Dreischritt beschrieben, in dem das in der Empfindung aufgenommene theoretische Wissen über den Menschen in der Begegnung mit einem individuellen Menschen zum Organ wird, indem es als solches vergessen wird (Steiner, 1983).

[46] Beispiele einer solchen Orientierung finden sich in der Kinderbesprechung oder der Kinderkonferenz, die von Pädagogen und Heilpädagogen entwickelt wurden. Eine diskursanalytische Beschreibung dieses Besprechungsprozesses als Versuch einer „Organbildung" im Team findet sich bei Heidtmann und Schmitt (2010) und eine theoretische Fundierung bei Goeschel (2012). Die Darstellungen schildern den Prozess des Verständnisses eines Kindes mit Hilfe von waldorfpädagogischen – und anderen – Kategorien als Kernstück pädagogisch-heilpädagogischer Arbeit. Hier kann keine Rede davon sein, dass „der Waldorfschullehrer nach Steiners Verständnis ein Initiierter, ein ‚Priester' sein (soll), um mit höherem Wissen und von höherer Warte aus die Erziehung zu leiten" (Zander, 2007, S. 1450).

[47] Im Hinblick auf die Aufgabenstellung schulischer Inklusion etwa Barth (2012) und Maschke (2008). In Bezug auf die Aufgabenstellung einer interkulturellen Pädagogik Brater, Hemmer-Schanze und Schmelzer (2009).

[48] Nach Barz und Randoll (2007) sind mehr als zwei Drittel der von ihnen befragten ehemaligen Waldorfschüler der Ansicht, dass die Waldorfschulen ein „zu hohes Maß an Engagement und Mitarbeit" fordern.

genüber, auf die in den Antworten großer Wert gelegt wird. Auch darin spiegelt sich der perspektivische oder instrumentelle Charakter der waldorfpädagogischer Kategorien wider.

Eine weitere Form der Kontextualisierung betrifft die anthropologischen, psychologischen und entwicklungspsychologischen Aussagen und Ansichten Rudolf Steiners. Hier liegen einige überzeugende Arbeiten vor, so zum Beispiel die von Rohen (2002, zur von Steiner skizzierten Dreigliederung des menschlichen Organismus), von Kranich (2006, unter anderem im Hinblick auf Steiners Beschreibung der frühkindlichen Entwicklung als eines „plastischen" Prozesses und seine Ideen zur Wahrnehmung) und schließlich von Rittelmeyer (2002, unter anderem im Hinblick auf Steiners Darstellungen der Ontogenese des Menschen, der Bedeutung der Rhythmen und der Wahrnehmung). Diesen Autoren gelingt es, die Anregungen und Perspektiven Steiners systematisch auszuarbeiten und auf den gegenwärtigen Stand der Forschung und Theorie zu beziehen.

Eine große Anzahl von Hinweisen und Anregungen allerdings sind *noch nicht* in dieser Weise auf die aktuelle Forschung bezogen. Es handelt sich hier um eine Aufgabenstellung, die mit der Entwicklung von Forschungsprojekten und den ihnen zugrunde liegenden Perspektiven zusammenhängt. Dabei ergeben sich Kontextualisierungen in die verschiedenen Disziplinen hinein. Hierzu einige Beispiele: Eine spirituelle Sicht der Entwicklung des Kindes wurde zu Steiners Zeiten bestenfalls und dann auf sehr unspezifische Weise von Theologen eingenommen. Inzwischen hat sich die Spiritualitätsforschung als eigener Forschungszweig entwickelt, und die Frage nach der Spiritualität wird nun auch im psychologischen (Bucher, 2012), insbesondere dem entwicklungspsychologischen (Rogers, 2012), und dem psychotherapeutischen Feld (Gontard, 2013) verfolgt. Ein weiteres Feld betrifft die Beziehung von körperlichen, emotionalen und kognitiven Erfahrungen. Diese Perspektive hatte Steiner, bezugnehmend auf theosophische Begrifflichkeiten, unter anderem als die Geburt von „Wesensgliedern" oder „Leibern" charakterisiert und als einen entwicklungstypischen Ablauf geschildert (Steiner, 1981).[49] Der hier leitende Grundgedanke der Metamorphose von leiblichen, emotionalen und kognitiven Aspekten ist wohl erst durch die Phänomenologie des Leibes[50] und das Forschungsprogramm des *Embodiment* bzw. der *Embodied Cognition* in einem allgemeinen Zusammenhang diskutierbar und bewertbar geworden (Fuchs, Sattel & Henningsen, 2010; Schmalenbach, 2008, 2013). Ein letztes Beispiel, das damit zusammenhängt, ist die spätere Wirkung von Erfahrungen in der frühen Kindheit, auf die Steiner an verschiedenen Stellen hingewiesen hat. Auch hier geht es um zweierlei: erstens um die Frage, ob Erfahrungen in der frühen Kindheit bis ins spätere Lebensalter hinein Auswirkungen haben können, und zweitens, ob es hier regelmäßige Bezüge gibt. Steiner fordert in diesem Zusammenhang einen Unterricht, der auf die spätere Ge-

---

[49] Die Rezeption dieser Gedanken erfolgte über lange Zeit in bewährter Dichotomie: Von Kritikern der Waldorfpädagogik wurde hier regelmäßig der theosophische Begriffsgebrauch, eine angebliche Normativität und insbesondere die Abfolge von Jahrsiebten moniert, während Vertreter der Waldorfpädagogik diese Gedanken gerne wortgetreu wiedergaben. Dabei diskutieren die Kritiker die zentralen Grundgedanken als solche kaum und begnügen sich damit, Wortübereinstimmungen und parallele Konzepte in traditionellen Lehren (Hebdomadenlehre, Theosophie, Temperamentenlehre) festzustellen und den Fall damit als erledigt anzusehen, anstatt die Gedanken als solche zu diskutieren. Wie Steiner an bestehende Begriffe und Systeme anknüpft und diese eigenständig weiterführt, zeigt exemplarisch für die „Wesensglieder" Ewertowski (2007).

[50] Insbesondere das Konzept der „Zwischenleiblichkeit" von Merleau-Ponty (1994, S. 194f.) und die Phänomenologie des Leibes von Schmitz (1990, S. 135ff.) mit seiner Darstellung von leiblicher Kommunikation anhand von „Ein- und Ausleibung", „Gestaltverläufen" und „synästhetischen Charakteren"

sundheit der Schüler hin ausgerichtet ist. Diese Perspektive[51] wird heute in Konzepten der Salutogenese und der Resilienz behandelt; hinzu kommen erste empirische Befunde über die unmittelbaren physiologischen Folgen von emotional stark fordernden Erlebnissen (Márquez et al., 2013). Es ist deutlich, dass es sich hier, wie auf anderen Feldern, auch um eine *Forschungsfrage* handelt.

Diese Beispiele verweisen auf den weiten Hintergrund der Äußerungen, die eine Erarbeitung, Vertiefung oder Inbezugsetzung der Waldorfpädagogik als zentrales Anliegen der Lehrer im Hinblick auf die Waldorfpädagogik verständlich machen.

4.5 Selbstverwaltung, Kollegialität und Zusammenarbeit mit den Eltern

Aus den Antworten der Lehrer ergibt sich eine hohe Zufriedenheit mit der Führung und der Selbstverwaltung im Allgemeinen – die Werte liegen hier über 60 Prozent. Besonders positiv werden der Vorstand und die Geschäftsführung bewertet (mehr als 75%). Mehr als die Hälfte der Befragten zeigen sich mit der Kommunikation in der Schule insgesamt zufrieden, wobei dieser Wert unter vielen anderen Werten liegt. Sehr hohe Werte (über 80%) erzielen die Fragen nach dem Erleben von Anerkennung und Wertschätzung, nach dem allgemeinen Verhältnis zu den Kollegen und nach der gegenseitigen Unterstützung bei Schwierigkeiten. Angesichts vieler positiver und sehr positiver Bewertungen, auch zur Gesamtatmosphäre und zu den eigenen Mitgestaltungsmöglichkeiten, fallen die folgenden kritischen Punkte umso mehr auf, die etwa den Bereich der Entscheidungsfindung betreffen: Immerhin mehr als 40 Prozent der Befragten empfinden die Entscheidungsprozesse und die Entscheidungsstrukturen als nicht transparent, und mehr als 50 Prozent schätzen die Entscheidungsprozesse als nicht effektiv und nicht zielführend ein. Ein weiterer kritischer Punkt betrifft die Betreuung der Mitarbeiter an der Schule, die mehrheitlich als nicht gut angesehen wird. Ebenfalls kritisch oder zwiespältig werden der Umgang mit Konflikten und die Offenheit in der Kommunikation über problematische Bewertungen eingeschätzt. Auch dieser Punkt wird in Untersuchungen zur Selbstverwaltung angesprochen (vgl. Götte, 2006, 744f.).

Vergleicht man die Antworten in diesem Bereich mit denen in den anderen Bereichen, so findet man hier eindeutig die meisten kritischen Bewertungen: Jeweils 30 bis 40 Prozent der Befragten sind insgesamt mit der Führungsstruktur und der Selbstverwaltung unzufrieden, sehen sowohl die Entscheidungsstrukturen und Entscheidungsprozesse als auch die Kommunikation im Allgemeinen kritisch und fühlen sich durch die organisatorischen Tätigkeiten neben ihrer pädagogischen Arbeit belastet. Besonders problematisch erscheint hier der Umgang mit Konflikten, nicht zuletzt auch im Vergleich mit den Waldorfschulen. Dabei zeigen die Antworten, dass der als problematisch empfundene Umgang mit Konflikten nicht, wie man meinen könnte, die Kehrseite der insgesamt als positiv empfundenen Gesamtatmosphäre bildet, vielmehr fallen in der Einschätzung der Lehrer eine vertrauensvolle Atmosphäre und ein produktiver Umgang mit Konflikten zusammen.

Bei der Frage nach der idealen Führungsstruktur zeigen sich die Lehrer gespalten, insofern jeweils etwa ein Drittel ein bestimmtes Modell und ein weiteres Drittel jeweils weitere Modelle befürworten. Gegenüber dieser kritischen Masse in Bezug auf Fragen der Schul-

---

[51] Zur Wirkung von Emotionalität und Impulsivität der Bezugspersonen vgl. Steiner (1972, 2000).

struktur und bestimmter Prozesse fällt das Urteil über den persönlichen Einbezug in das Kollegium, die allgemeine Atmosphäre und das Erleben von Anerkennung und Unterstützung durchweg in sehr hohem Maße positiv aus. Dabei fällt sicher auch ins Gewicht, dass es keine Übereinstimmung hinsichtlich eines „idealen Modells" von Führung gibt.

In den Befunden zu Fragen den Fragen der Selbstverwaltung/Führung spiegelt sich das heterogene Bild dieser tragenden Säule der Waldorfpädagogik (vgl. z. B. Kiersch, 1997, S. 50f.) wider. Die Lehrer bestätigen, dass die Schulorganisation ihnen den nötigen Freiraum für ihre pädagogische Arbeit gibt, verweisen zum Teil aber auch auf belastende Aspekte. Die Bewertung der Selbstverwaltung fällt insgesamt positiv aus, aber in geringerem Maße als die Bewertung aller anderen Bereiche: Ein beträchtlicher Anteil der Befragten äußert sich hier eher negativ. In der allgemeinen Diskussion dieses Themas wird die hohe Belastung der Lehrer immer wieder erwähnt, zugleich sprechen aber viele Autoren von einer zumindest partiellen Ineffektivität der Selbstverwaltung in der Praxis.[52] Dabei liegen bislang keine empirischen Forschungen zu diesem Thema vor, weder hinsichtlich der verschiedenen Modelle in der Praxis sowie ihrer Effektivität und ihrer Auswirkungen noch im Vergleich mit Entscheidungsprozessen und Schulklima an anderen Schulen.[53] In der Diskussion zeigt sich zudem, dass der Begriff, die Konzeption und die Methodik der Selbstverwaltung auf sehr verschiedene und zum Teil widersprüchliche Weise aufgefasst werden.[54] Auch hier bedarf es noch einer historisch und systematisch angelegten Aufarbeitung.[55] Die Ergebnisse der Befragung bestätigen in gewissem Maße skeptische Positionen und legen eine weitere Erforschung dieses Bereiches nahe.

Eine sehr große Zufriedenheit wird im Hinblick sowohl auf die Zusammenarbeit mit den Eltern als auch auf die Wertschätzung der eigenen Arbeit durch die Eltern geäußert. Das Verhältnis zu den Eltern und das zu den Schülern hängen miteinander zusammen. Eine Schlüsselvariable bildet hier vor allem die Freude an der Elternarbeit als solche, die sich im Verhalten gegenüber den Eltern ebenso manifestiert wie in der erlebten Wertschätzung durch die Eltern. Als Belastungsfaktor werden insbesondere Forderungen seitens der Eltern und Überschreitungen der Grenze zur Privatsphäre empfunden. Überwiegend problematisch sehen die Lehrer die Eltern in ihrer Mitverantwortung für den Bildungsprozess ihrer Kinder, insofern es um die häusliche Ernährung, den Umgang mit Medien und die Gewährleistung von ausreichendem Schlaf geht. Ebenfalls kritisch wird etwa die elterliche Mitverantwortung für die Belange der Schule gesehen.

4.6 Waldorflehrer und heilpädagogische Lehrer im Vergleich

Die Antworten von heilpädagogischen Lehren und Waldorflehrern weisen in allen im Fragebogen angesprochenen Bereichen in dieselbe Richtung. Statistisch bedeutsame Unter-

---

[52] Beispielsweise Brater (2013). Dagegen kommt Götte (2006) zu einer insgesamt positiven Bestandsaufnahme.

[53] Zur Situation an den staatlichen Regelschulen im Vergleich zu Waldorfschulen vgl. Paulig (1990).

[54] Dies betrifft etwa die Reichweite der Selbstverwaltung in Verbindung mit der Frage, inwieweit es sich hier um ein Mitbestimmungsmodell oder ein Modell gemeinsamer Willensbildung handelt (vgl. hierzu Kiersch, 1997; Lindenberg, 1990). Dagegen etwa Brater (2013), der die Auffassung vertritt, dass Selbstverwaltung ursprünglich, auch in der Auffassung Rudolf Steiners, eine gesellschaftspolitische Ausrichtung hatte und nicht die Organisationsform der Schule selbst betrifft. Ähnlich äußert sich da Veiga (2006, S. 43).

[55] Aktuellere Ansätze in diese Richtung zusammen mit Praxisbeispielen und einer Kontextualisierung im Hinblick auf Konzepte des Managements finden sich bei Bauer (2006) und Götte (2006).

schiede hinsichtlich der pädagogischen Arbeit betreffen den Umgang mit Leistungen. Hier setzen Waldorflehrer Arbeiten zur Lernstandskontrolle häufiger ein und sind auch der Auffassung, dass auf Leistungsüberprüfung mehr Wert gelegt werden sollte. Gleichzeitig sehen sie die Schüler unter einem stärkeren Leistungsdruck stehend. Demgegenüber bewerten heilpädagogische Lehrer die Lehrer-Schüler-Beziehung als vertrauensvoller und fürsorglicher. Die Kategorien Leistung und Beziehung verhalten sich somit komplementär, wobei zu berücksichtigen ist, dass die allgemeinen Tendenzen auch hier gleich sind. Hierher gehören auch die unterschiedlichen Ansichten zur Fachlichkeit: Hier schätzen sich die Waldorflehrer eindeutig positiver ein als die heilpädagogischen Lehrer. Das Betriebsklima und die Atmosphäre in der Schule werden von den heilpädagogischen Lehrern als weniger positiv erlebt. Dies gilt in besonderem Maße für die Behandlung und Lösung von Konflikten, welche die heilpädagogische Lehrer in ihren Schulen als kritischer ansehen. Die schlechtere Bewertung setzt sich hier im Bereich der Schulführung und der Selbstverwaltung im Allgemeinen und bezüglich der Gestaltung und Transparenz von Entscheidungsprozessen im Besonderen fort und gilt auch für den Umgang mit Informationen und die Qualität der Mitarbeiterbegleitung. Damit bewerten die heilpädagogischen Lehrer die Führung und Selbstverwaltung an ihren Schulen durchweg schlechter als ihre Kollegen an den Regel-Waldorfschulen. Insgesamt erscheinen die heilpädagogischen Lehrer damit stärker auf ihre Schüler bezogen und damit hoch zufrieden zu sein, wohingegen die Qualität der schulischen Selbstverwaltung deutlich kritisch gesehen wird. Dabei ist weiterhin zu berücksichtigen, dass dieser Bereich in der Beantwortung der offenen Fragen nicht stark thematisiert wird.

Ein weiterer Bereich, in dem Unterschiede auffallen, betrifft die Zusammenarbeit mit den Eltern. So wird die Zusammenarbeit mit den Eltern an Heilpädagogischen Schulen als schlechter bewertet, dies gilt für die Mitarbeit in der Schulstruktur ebenso wie für den Anteil des Gelingens des Erziehungsprozesses im Hinblick auf Gesundheit und Medienkonsum.

4.7 Zufriedenheit, Belastungserleben und Selbstwirksamkeit

Als besonders bedeutend für die Berufszufriedenheit erweist sich die Wertschätzung der eigenen Arbeit im Kollegium. Die an anderen Stellen immer wieder hervorgehobene positive Gesamtatmosphäre in den Kollegien erfährt hier eine Ausrichtung auf die konkrete Arbeit. Weiterhin ist die Tatsache bemerkenswert, dass unter den fünf am stärksten mit der Berufszufriedenheit zusammenhängenden Kategorien drei die Selbstverwaltung und die Organisation an der Schule betreffen. Ebenfalls von Bedeutung sind die Rückmeldungen zur eigenen Arbeit, die pädagogische Qualität der Schulen und die Möglichkeit, waldorfpädagogische Inhalte und Ideen zu verwirklichen. Damit haben für die Berufszufriedenheit die erfahrene Wertschätzung der eigenen Arbeit und insbesondere die Qualität der Führung an der Schule eine herausragende Bedeutung.

Zufriedenheit und Belastung verhalten sich nicht komplementär zueinander. Denn die unter der Frage nach der Belastung aufgeführten Kategorien zur schulischen Selbstverwaltung spielen hinsichtlich der allgemeinen Arbeitsbelastung keine maßgebliche Rolle, wenngleich sie die allgemeine Zufriedenheit, wie oben dargestellt, in sehr hohem Maße bestimmen. Heilpädagogische Lehrer nennen als Belastungsfaktoren – neben dem Beruf im Allgemeinen – insbesondere die finanzielle Situation ihrer Schule und die eigene Besoldungssituation. Die Bewertung der eigenen finanziellen Situation wie auch die Einschätzung der Gehaltsordnung an der Schule gehören zu den am schlechtesten bewerteten Fragen in der gesamten Erhebung. Insgesamt ergibt sich das Bild, dass die heilpädagogischen Lehrer eine anspruchsvolle Arbeit mit großem Engagement leisten, ohne eine angemessene und gerechte finanzielle Vergütung dafür zu erhalten. Bezüglich der beruflichen Belastung im Allgemeinen hingegen schlagen persönliche Faktoren und das Ausmaß und die Vielfalt der Arbeit durch.

Insgesamt zeigt sich eine überwältigende Mehrheit (annähernd 90%) mit ihrem Beruf als solchem und mit ihrer pädagogischen Arbeit in den einzelnen Aspekten als hoch zufrieden. Die starke persönliche Bindung an den Beruf wirkt sich auch dahingehend aus, dass über drei Viertel der Befragten sich durch ihre Arbeit in ihrem Selbstgefühl gestärkt sehen und glauben, sich als Lehrer selbst verwirklichen zu können.

So ergibt sich insgesamt eine starke persönliche Beziehung zur pädagogischen Arbeit, die ein hohes Engagement erfordert, aber zugleich als sehr bestätigend erlebt wird, sowohl im Hinblick auf die Entwicklungsbegleitung der Kinder als auch hinsichtlich der eigenen Persönlichkeit. Die Arbeit an der eigenen Person verschränkt sich mit der Förderung der Persönlichkeit der Kinder, die im Zentrum der pädagogischen Aufmerksamkeit steht. Ebenso präsentiert sich die Waldorfpädagogik in den Antworten der Lehrer als ein Zusammenhang von inhaltlichen Aussagen, Perspektiven und Methoden sowie der Arbeit an der eigenen Persönlichkeit. In diesem dynamischen Bild ist es auch die Pädagogik selbst, die in der Polarität von Vertiefung und Weitung (im Sinne des Zeitbezugs) weiterzuentwickeln ist. Das insgesamt sehr positive Bild in allen Bereichen – mit Ausnahme der finanziellen Situation – ist gleichwohl nicht frei von Spannungen und Ambivalenzen. Diese betreffen etwa Fragen der Selbstverwaltung und des kollegialen Miteinanders, die Zusammenarbeit mit den Eltern und nicht zuletzt ein nicht spannungsfreies Verhältnis zu einer Pädagogik, die im Spiegel der hier ausgewerteten Antworten auf die offenen wie die geschlossenen Fragen weniger *gegeben* als *aufgegeben* erscheint.

4.8 Die Einstellungen der heilpädagogischen Lehrer als *Beliefs*

In der pädagogischen Forschung werden die Überzeugungen von Lehrern unter dem Konzept der *Beliefs* rekonstruiert. *Beliefs* bilden über inhaltliche Überzeugungen hinaus eine Art Erziehungsphilosophie, die sich aus verschiedenen Elementen zusammensetzt: Werte, Überzeugungen, Haltungen sowie implizite und explizite subjektive Theorien (Markic, Eilks & Valanides, 2008). In den *Beliefs* sind somit intentional-volitionale, motivationale, emotionale und kognitive Elemente miteinander verbunden (Kuhl et al., 2013). In systematischer Hinsicht lassen sich unterschiedliche Bereiche benennen, auf die sich die *Beliefs* beziehen: Überzeugungen, die das Fach betreffen, Überzeugungen, die die Rolle der Schule betreffen, und schließlich Überzeugungen, die den Prozess des Lernens und Lehrens betreffen (Blömeke, Kaiser & Lehmann, 2008). Dabei gehen Kuhl und andere davon aus, dass sich hierbei gruppenspezifische Unterschiede zwischen Regelschulpädagoginnen und Sonderpädagoginnen finden lassen. Erhebungen dieser Forscherinnengruppe zeigen, dass als Studienmotivation von Grundschullehrerinnen oft die Freude an der Arbeit genannt wird, wohingegen Sonderpädagoginnen auf eigene Erfahrungen im Zusammensein mit behinderten Menschen verweisen und auf das Motiv, in therapeutischer Weise tätig sein zu wollen (Kuhl et al., 2013). Zum Zweck der Erstellung eines Instrumentariums zur Erhebung von *Beliefs* nahmen Kuhl und ihre Mitarbeiterinnen eine inhaltsanalytische Sichtung der Fachliteratur vor und extrahierten aus dieser eine Reihe von Einstellungsclustern, die mittels Faktorenanalyse zu drei Clustern verdichtet wurden (Kuhl et al., 2013):

- Das erste Cluster fasst individuell-förderbezogene, biographisch orientierte und dialogische Einstellungen zusammen. Dabei unterstreicht die biographische Orientierung die Arbeit an der Lebenswelt der Schüler, und die dialogische Orientierung legt den Schwerpunkt auf das einfühlende Verstehen und die Gestaltung der Beziehung.
- Das zweite Cluster betrifft die medizinisch-therapeutische Orientierung, die sich an den medizinischen Ursachen und Behandlungsweisen spezifischer Verhaltensweisen orientiert.
- Das dritte Cluster wird durch Selektion gebildet. Diese favorisiert das Lernen in homogenen Gruppen.

Aufgrund dieser Cluster wurde ein Fragebogen entwickelt, mit dem die Aussagen von Grundschulpädagoginnen und Förderpädagoginnen verglichen wurden. Hierbei ergab sich, dass die Werte des individuell-förderbezogenen, biographischen und dialogischen Clusters bei den Förderpädagoginnen signifikant höher waren als bei den Grundschullehrerinnen. Auch bei den anderen beiden Clustern lagen die Förderpädagoginnen tendenziell, aber nicht signifikant höher (Kuhl et al., 2013).

Auch wenn man dieses Erhebungsverfahren nicht mit dem Lehrerfragebogen in seinen offenen und geschlossenen Fragen vergleichen kann, weisen auch die Antworten der hier befragten heilpädagogischen Lehrer auf ein System von *Beliefs* hin. Auch die heilpädagogischen Waldorflehrer zeigen eine eindeutig individuell-förderbezogene, biographische und dialogische Haltung. Aussagen im Hinblick auf die anderen Cluster werden durch die Fragen weder erhoben noch nahegelegt. Die Überzeugungen der heilpädagogischen Waldorflehrer weisen jedoch einige Züge auf, die von dem ersten Cluster nicht notwendigerweise erfasst werden: zum einen eine ausgeprägt spirituelle Orientierung, die den dialogischen Prozess um eine zwar schwer „greifbare", aber für die pädagogische Haltung gleichwohl essenzielle Ebene erweitert oder vertieft. Eine zusätzliche Dimension gewinnt die dialogische Haltung dadurch, dass die heilpädagogischen Lehrer die Aufgabe der Selbstentwicklung, die in einem komplementärem Verhältnis zur individuellen Förderung der Kinder steht, in hohem Maße betonen. Schließlich sehen die heilpädagogischen Lehrer in der Methodik der Waldorfpädagogik und in spezifischen Tätigkeiten, beispielsweise in der künstlerischen Arbeit, ein Mittel zur Bildung wie zur Förderung der Kinder, welches deren Entwicklungsbedürfnissen in hohem Maße entgegenkommt. Insgesamt sind, wie gezeigt wurde, die Überzeugungen vom Lehrern und Lernen, von der Rolle und Organisation der Schule und von der Rolle des Lehrers im Sinne der Waldorfpädagogik in hohem Maße miteinander verbunden.

5 Arbeitsbezogene Verhaltens- und Erlebens-Muster von Lehrern an heilpädagogischen Waldorfschulen

5.1 Einführung in die Thematik

Lehrer zählen zu den Berufsgruppen mit hohem Risiko für berufsbedingte psychische und physische Erkrankungen (Rothland & Terhard, 2007). Individuellen Verhaltensmustern kommen dabei neben anderen Faktoren, wie soziale Unterstützung und Persönlichkeitskompetenzen, eine große Bedeutung für die psychische Gesundheit von Lehrern zu (Döring-Seipel & Dauber, 2013). Auch die Selbstwirksamkeit wird neuerdings als wichtige Ressource von Lehrern aufgeführt (Schmitz 2007; Schwarzer, 2009). Die Untersuchung von arbeitsbezogenen Verhaltensmustern bei Waldorflehrern wurde unter anderem dadurch motiviert, dass rund zwei Drittel der Absolventen von Waldorfschulen ihre Lehrer als durchweg überlastet empfanden (Barz & Randoll, 2007). Daraufhin wurden die Berufsbelastung und die psychische Gesundheit von Waldorflehrern an nicht-heilpädagogischen Schulen im Rahmen der Waldorflehrerstudie von Randoll (2013; vgl. auch Graudenz, Peters & Randoll, 2013) erforscht. Zur Bestimmung der psychischen Gesundheit kam neben anderen Erhebungsinstrumenten auch das AVEM-Verfahren (**A**rbeitsbezogene **V**erhaltens- und **E**rlebens**M**uster) zum Einsatz (Peters 2013). Der AVEM-Typologie liegen Untersuchungen von Schaarschmidt (2005) sowie Schaarschmidt und Kieschke (2007) zugrunde, die aus empirischen Befunden verschiedene Typen von arbeitsbezogenen Verhaltensmustern identifiziert haben, die einen nachweislichen Bezug zur psychischen und körperlichen Gesundheit von Lehrern aufweisen (Schaarschmidt, 2005, S. 30ff.). Das von Schaarschmidt, Kieschke und Fischer (1999) entwickelte Verfahren zur Musterbestimmung war auch in den Fragebogen der in dieser Arbeit untersuchten Stichprobe von heilpädagogischen Lehrern integriert, so dass bei 86,4 Prozent der heilpädagogischen Lehrer eine tendenzielle Musterzuordnung vorgenommen werden konnte.

Im vorliegenden Beitrag wird zunächst die AVEM-Typologie erläutert und ihre Relevanz für die Gesundheit hinsichtlich der vorliegenden Stichprobe untersucht. Anschließend werden die arbeitsbezogenen Verhaltensmuster der heilpädagogischen Lehrer mit denjenigen von nicht-heilpädagogischen Waldorfschulen und Regelschulen verglichen. Schließlich werden einige Zusammenhänge der Verhaltensmuster mit spezifischen Besonderheiten der heilpädagogischen Waldorfschulen dargestellt.

5.2 Die AVEM-Typologie

AVEM ist ein standardisiertes Erhebungsinstrument, das jedem Probanden eine von vier typischen Grundhaltungen im Umgang mit Beanspruchungen zuordnet. Die Typenzuordnung wird aufgrund von elf Schlüsselmerkmalen vorgenommen, die spezifische Persönlichkeitsmerkmale beschreiben (Schaarschmidt 2005, S. 23):

Merkmale des Engagements:
1. Bedeutsamkeit der Arbeit
2. Beruflicher Ehrgeiz

3. Verausgabungsbereitschaft
4. Perfektionsstreben

Merkmale der Widerstandsfähigkeit:
5. Distanzierungsfähigkeit gegenüber der eigenen Arbeit
6. Resignationstendenz gegenüber Misserfolgen
7. Offensive Problembewältigung
8. Innere Ruhe und Ausgeglichenheit

Merkmale der Emotionen:
9. Berufliches Erfolgserleben
10. Lebenszufriedenheit
11. Erleben von sozialer Unterstützung.

In dem in dieser Studie eingesetzten AVEM44-Kurztest werden die Gewichtungen dieser oben genannten elf Merkmale durch jeweils vier Items bestimmt. Aus den Ausprägungen dieser elf Merkmale ergeben sich dann mittels Diskriminanzanalyse die vier AVEM-Typen:

- der „Gesundheitstyp" G
- der „Schontyp" S[56]
- die Risikogruppe A: Verausgabung bei wenig Anerkennung
- die Risikogruppe B: Resignation.

Die folgende Charakterisierung der vier Typen wurde aus Schaarschmidt und Kieschke (2007, S. 22f.) übernommen:

Muster G

*„Dieses Muster ist Ausdruck von **G**esundheit und Hinweis auf ein gesundheitsförderliches Verhältnis gegenüber der Arbeit. Es ist durch stärkeres, doch nicht exzessives berufliches Engagement, höhere Widerstandsfähigkeit gegenüber Belastungen und positive Emotionen gekennzeichnet. Es steht außer Frage, dass Lehrer mit diesem Muster über die günstigsten Voraussetzungen verfügen, um erworbenes Wissen und Können sowie pädagogische Überzeugungen und Absichten wirksam umzusetzen."*

---

[56] Der von Schaarschmidt so bezeichnete „Schontyp" weist unter anderem ein relativ geringes Engagement als durchgängiges Merkmal auf. Dies ist jedoch in der hier vorliegenden Stichprobe nicht der Fall, obwohl sonst alle übrigen Merkmale des S-Musters zutreffen. Deshalb ist der Begriff „Schontyp" in diesem Zusammenhang eine leicht missz uverstehende Bezeichnung. In der vorliegenden Stichprobe charakterisiert er daher nicht eine Gruppe von Menschen, die wenig Engagement an den Tag legen, sondern eher eine Gruppe von Lehrkräften, die sich ihrer eigenen Grenzen in Bezug auf ihre individuelle Belastbarkeit bewusst sind und sich bei eintretender Überforderung auch distanzieren können. Das S-Muster weist generell von allen AVEM-Typen das größte Distanzierungsvermögen auf.

Muster S

*„Hier charakterisiert die **S**chonung das Verhältnis gegenüber der Arbeit (als ein möglicher Hinweis auf ungenügende Herausforderungen und/oder berufliche Unzufriedenheit). Charakteristisch ist geringes Engagement bei wenig Auffälligkeiten in den übrigen Bereichen. Zwar zeigt dieses Muster in der Regel kein gesundheitliches Risiko an, doch im Lehrerberuf dürfte es (mehr als in manch anderen Berufen) ein Hindernis für erfolgreiche Arbeit sein, kommt es hier doch verstärkt auf eigenaktives und engagiertes Handeln an."*

Risikomuster A

„Entscheidend ist hier, dass hohe Anstrengung keine Entsprechung in einem positiven Lebensgefühl findet: Das Bild ist durch überhöhtes Engagement bei verminderter Widerstandsfähigkeit gegenüber Belastungen und eher negative Emotionen gekennzeichnet. Das Gesundheitsrisiko besteht in der Selbstüberforderung. Lehrer dieses Typs sind oftmals ihrer hohen Einsatzbereitschaft wegen besonders geschätzt. Doch ist abzusehen, dass auf Dauer die Kraft nicht ausreicht, den Belastungen des Berufs standzuhalten. Nicht selten ist mit dem Übergang zum folgenden Risikomuster B zu rechnen."

Risikomuster B

„Bei diesem zweifellos problematischsten Muster sind permanentes Überforderungserleben, Erschöpfung und Resignation vorherrschend. Das Profil weist überwiegend geringe Ausprägungen in den Merkmalen des Arbeitsengagements, größere Einschränkungen in der Widerstandsfähigkeit gegenüber Belastungen und (stark) negative Emotionen aus. In seinem Erscheinungsbild entspricht dieses Muster den Symptomen in den letzten Stadien eines Burnout-Prozesses, dennoch kann es nicht in allen Fällen mit Burnout gleichgesetzt werden [. . .] Klar ist, dass bei stärkerer Ausprägung des Musters B der Betroffene kaum (noch) ein guter Lehrer sein kann. Die verbliebene Kraft reicht dazu nicht aus. Sie wird aufgewendet, um irgendwie ‚über die Runden' zu kommen."

Für die als „Risikomuster" bezeichneten Typen besteht laut Schaarschmidt (2005) ein signifikant höheres Risiko hinsichtlich berufsbedingter psychischer und körperlicher Erkrankungen als für die anderen beiden Muster (G und S). Die Summe der beiden Risikomuster kann daher als Indikator für Berufsbelastungen mit zu erwartenden gesundheitlichen Folgen angesehen werden.

5.3 AVEM-Verteilung der Waldorflehrer an Heilpädagogischen Schulen

Die AVEM-Typenverteilung bei den Lehrern an heilpädagogischen Waldorfschulen ist in Abbildung 45 dargestellt. Zum Vergleich sind die Verteilungen der Waldorflehrer aus der Studie von Randoll (2013) und der Regelschullehrer aus der Potsdamer Lehrerstudie (Schaarschmidt 2005) angegeben. Dabei ist darauf hinzuweisen, dass sich die Stichprobe[57] der Regelschullehrer aus Grundschullehrern, Lehrern der Sekundarstufen I und II an Gymnasien sowie aus Gesamtschullehrern zusammensetzt.

---

[57] Hierfür liegen nur ganzzahlige Prozentwerte vor.

Abbildung 45: AVEM-Verteilungen von Waldorflehrern an Heilpädagogischen Schulen im Vergleich

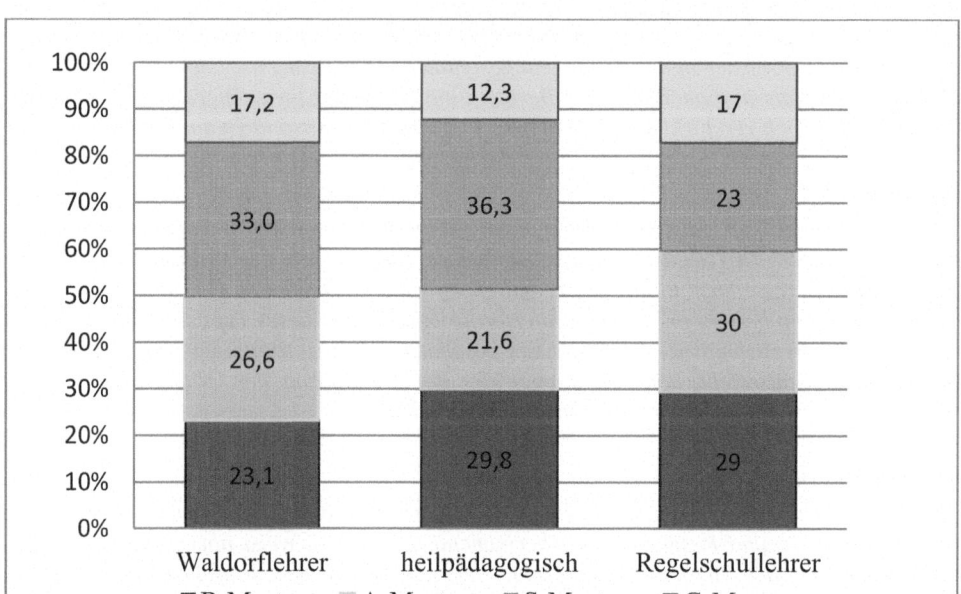

In Abbildung 45 sind in den einzelnen Balken jeweils von oben nach unten die prozentuellen Anteile am G-Muster, am S-Muster, am A-Muster und schließlich am B-Muster (unterster Abschnitt) dargestellt. Nicht zuordenbare Fälle wurden hierbei nicht berücksichtigt, so dass die Summe der vier Muster jeweils 100 Prozent ergibt. Aus der Abbildung ist ersichtlich, dass Lehrer an heilpädagogischen Waldorfschulen einen geringeren Anteil am G-Muster aufweisen als die beiden Vergleichsgruppen. Außerdem ist innerhalb der Gruppe der heilpädagogischen Lehrer der Anteil am B-Muster mit knapp 30 Prozent am größten. Auch das S-Muster ist prozentuell häufiger vertreten, wogegen das A-Muster einen geringeren Umfang einnimmt. Die Summe der Risikomuster ist bei den heilpädagogischen Lehrern mit 51,4 Prozent jedoch insgesamt eher vergleichbar mit dem Risikomusteranteil der Lehrer an nicht-heilpädagogischen Waldorfschulen (49,7%) als mit dem Anteil bei den Regelschullehrern (rund 59%). Im Vergleich zu den nicht heilpädagogischen Waldorfschulen fällt jedoch der deutlich geringere Anteil am G-Muster stärker ins Gewicht. Gegenüber den Lehrern an Regelschulen weisen die heilpädagogischen Lehrer einen um neun Prozentpunkte geringeren Wert bei den beiden Risikomustern auf.

Auf der Merkmalsebene treten einige signifikante Unterschiede zwischen den heilpädagogischen Lehrern und den Lehrern der übrigen Waldorfschulen auf, die in Abbildung 46 dargestellt sind. Die in dieser Abbildung verwendete Neunerskala gibt die Merkmale in einer berufsspezifischen Normierung wieder (Schaarschmidt & Fischer 2008), wobei der Wert 1 eine minimale und der Wert 9 eine maximale Ausprägung des betreffenden Merkmals bezeichnet. Der Mittelwert der Berufsgruppe liegt bei 5. Für die Waldorflehrer wurde dabei die Normierung für die Berufsgruppe „Lehrer" aus der Potsdamer Lehrerstudie von Schaarschmidt verwendet (Schaarschmidt & Fischer, 2008).

Abbildung 46: Merkmalsvergleich heilpädagogisch gegenüber nicht-heilpädagogisch

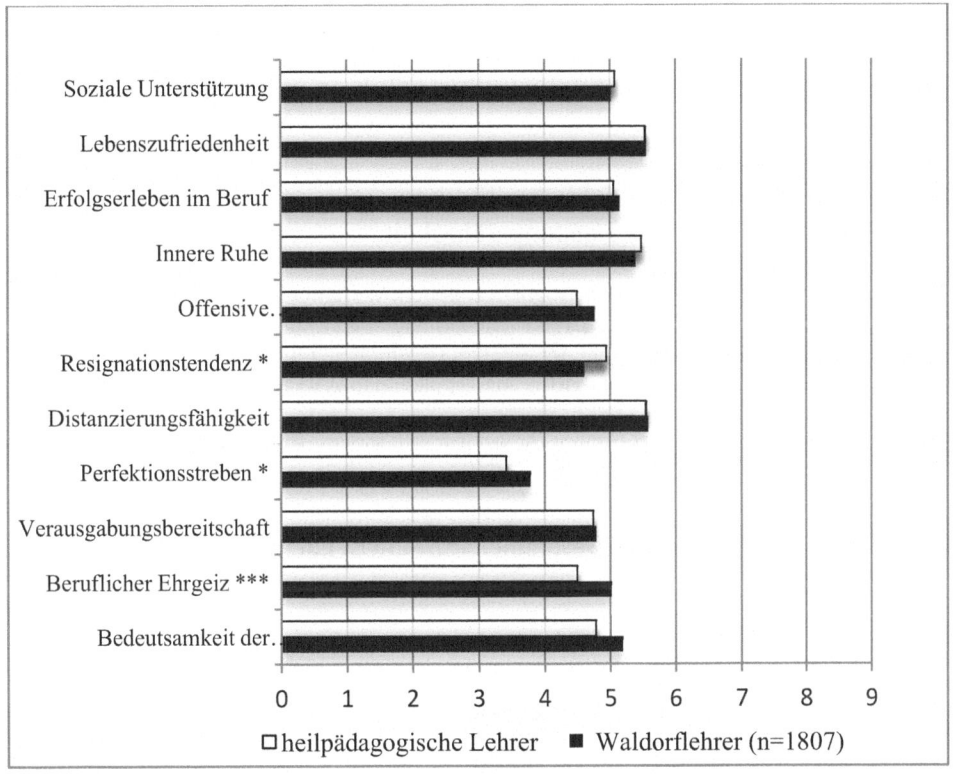

(* = einfache Signifikanz, *** = höchst signifikant)

Aus Abbildung 46 lassen sich für die heilpädagogischen Lehrer ein geringerer beruflicher Ehrgeiz, eine geringere Bedeutsamkeit der eigenen Arbeit sowie ein geringeres Perfektionsstreben ablesen. Auf der anderen Seite sind die Mittelwerte für die Resignationstendenz signifikant höher. Diese Unterschiede erscheinen vor dem Hintergrund der Schülerklientel durchaus plausibel: Wenn man davon ausgeht, dass der Lernfortschritt der Schüler an Heilpädagogischen Schulen langsamer erfolgt und dieser einen größeren Einsatz von Seiten der Lehrer erfordert, dann ist es nicht verwunderlich, dass der berufliche Ehrgeiz und das Perfektionsstreben weniger ausgeprägt sind. Auch die erhöhte Resignationstendenz ist in diesem Zusammenhang nachvollziehbar. Aufgrund all dessen lässt sich eine geringere Selbstwirksamkeitserfahrung vermuten, worauf die entsprechenden Ergebnisse hinweisen.[58] Die

---

[58] Die Items: „Der Lehrberuf stärkt mich in meinem Selbstwertgefühl" und „Der Lehrberuf ist für mich eine Quelle erlebter Selbstwirksamkeit" werden von den Lehrern der heilpädagogischen Waldorfschulen signifikant kritischer eingeschätzt.

geringere Bedeutsamkeit der Arbeit erscheint dann als Konsequenz aus diesen Erfahrungen ebenfalls als konsistent.

Bei beiden Gruppen von Waldorflehrern ist auffällig, dass die Werte für das Perfektionsstreben relativ niedrig ausfallen. Bei den Lehrern an Heilpädagogischen Schulen liegt der Mittelwert dabei nochmals signifikant niedriger als bei den Lehrern an Waldorfschulen allgemein. Dieser geringere Wert für das Perfektionsstreben ist neben den leicht erhöhten Mittelwert für die Distanzierungsfähigkeit der Hauptfaktor für den um neun Prozentpunkte geringeren Anteil an den Risikomustern bei Waldorflehrern im Vergleich zu den Regelschullehrern.[59]

5.4 Relevanz der AVEM-Muster für die Gesundheit und die Leistungsfähigkeit

Eine wesentliche Frage ist, ob die arbeitsbezogenen Verhaltensmuster auch in einem erkennbaren Zusammenhang mit der psychischen Gesundheit und der Leistungsfähigkeit stehen. Anhand der Selbsteinschätzung der eigenen Gesundheit zeigt Abbildung 47 die Ergebnisse für die vorliegende Stichprobe differenziert nach den AVEM-Mustern.

Abbildung 47: AVEM und Gesundheitszustand

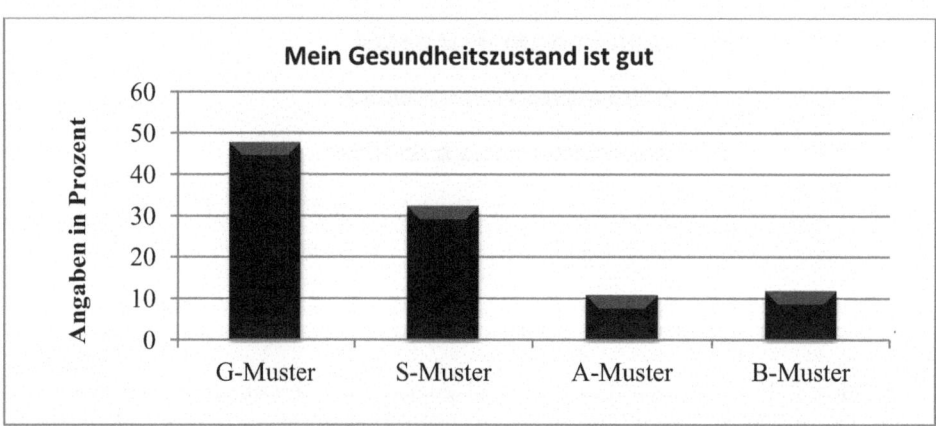

Aus Abbildung 47 geht hervor, dass die dem A- oder B-Muster zugeordneten Lehrer ihren Gesundheitszustand signifikant schlechter einschätzen als ihre Kollegen innerhalb des G- und des S-Musters. Nur rund zehn Prozent der Lehrer mit den Risikomustern A und B bezeichnen ihren Gesundheitszustand als gut, dagegen liegt die Zustimmung beim G-Musters bei knapp 50 Prozent, und innerhalb des B-Musters stimmt dem noch ein knappes Drittel zu. Damit bestätigt sich auch die Bezeichnung „Risikogruppen" für die Muster A und B. Für den folgenden Vergleich der Waldorflehrer an heilpädagogischen und nicht-heilpädagogischen Schulen werden daher jeweils die Muster G und S sowie die beiden Ri-

---

[59] Der Normierung der Neunerskala liegen die Werte der Regelschullehrer zugrunde.

sikomuster zu einer Gruppe zusammengefasst, was auch wegen der vorliegenden geringen Fallzahl eine bessere Vergleichsgrundlage bietet.

Abgesehen von den möglichen gesundheitlichen Folgen ergeben sich insbesondere für die folgenden Bereiche des Schullebens signifikante Unterschiede zwischen den „gesunden" G- und S-Mustern und den Risikomustern: Die den Risikomustern zugeordneten Lehrer weisen eine geringere Selbstwirksamkeit auf, erleben weniger Wertschätzung für ihre Arbeit von Seiten der Kollegen und der Schüler und sind deutlich unzufriedener mit ihrer beruflichen Gesamtsituation. Auch die Selbstverwirklichung im Beruf steht in Zusammenhang mit den arbeitsbezogenen Verhaltensmustern: Bei denjenigen Lehrern, die ihre Selbstverwirklichung im Beruf mit „trifft voll zu" bewerten, beträgt der Anteil der Risikomuster nur 25,6 Prozent, wogegen die Gruppe, die mit „trifft eher zu" votiert, bereits einen Anteil von 58,2 Prozent aufweist.[60]

Zusammengefasst ergeben sich daraus auch Konsequenzen für die berufliche Leistungsfähigkeit, die in Abbildung 48 nach den vier AVEM-Typen differenziert dargestellt ist.

Abbildung 48: AVEM und berufliche Leistungsfähigkeit

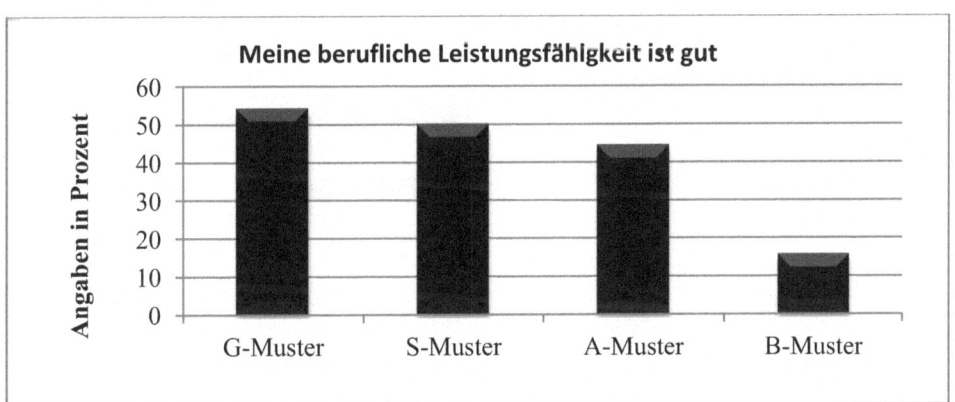

Abbildung 48 zeigt, dass bei der Selbsteinschätzung der beruflichen Leistungsfähigkeit besonders beim B-Muster starke Einbrüche zu verzeichnen sind. Dass hier die Mittelwerte für das A-Muster sich den Einschätzungen der „gesunden" Muster annähern, ist wohl dem Anstrengungsaspekt geschuldet, der mit dem A-Muster verbunden ist. Aus Abbildung 47 geht allerdings hervor, dass dies auch mit gesundheitlichen Konsequenzen verbunden ist.

Abgesehen von dieser Differenz bei der Leistungsfähigkeit legen die oben genannten Musterunterschiede eine Differenzierung in Risiko- und Nicht-Risikomuster nahe, was auch angesichts der geringen Fallzahlen zu aussagekräftigeren Ergebnissen in Bezug auf weitere Aspekte des Schullebens führt. Abbildung 49 zeigt weitere signifikante Abweichungen bei den Selbsteinschätzungen zur kollegialen Zusammenarbeit und zur persönli-

---

[60] Hierbei wählten weniger als zwölf Prozent der Befragten die Optionen „trifft eher nicht zu" und „trifft gar nicht zu", so dass die entsprechenden Fallzahlen für eine AVEM-Typeneinteilung nicht mehr ausreichen.

chen Arbeitsorganisation bei den Risikomustern einerseits und dem G- und S- Muster anderseits.

Abbildung 49: AVEM und Selbsteinschätzungen zum schulischen Zusammenleben

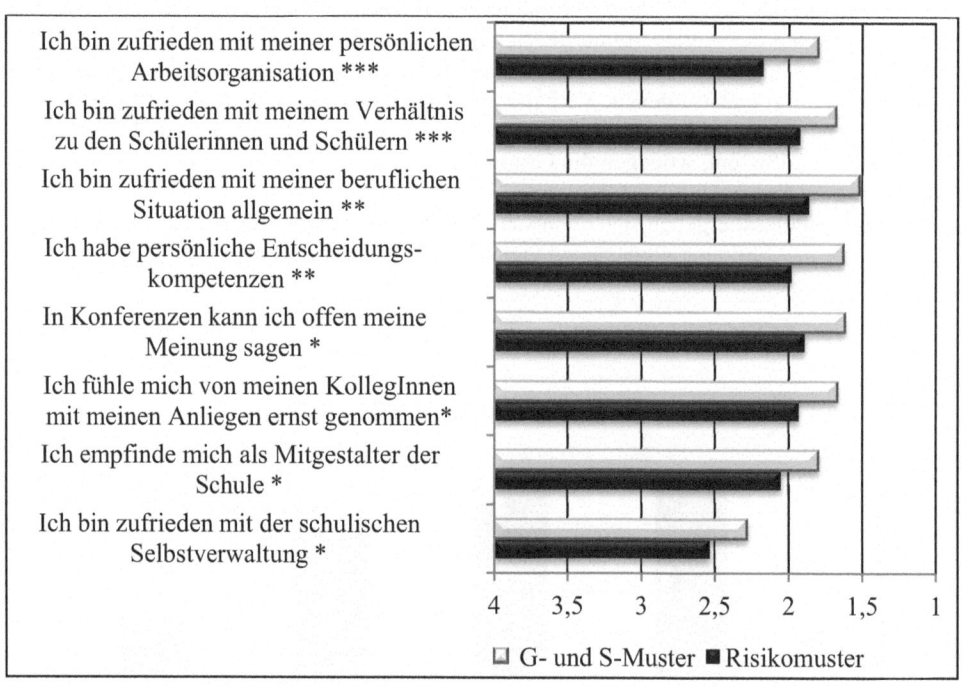

(* = einfache Signifikanz, ** = hoch signifikant, *** = höchst signifikant)

Die Differenzen in Abbildung 49 sind unter Berücksichtigung der Charakterisierung der vier AVEM-Typen durchaus nachvollziehbar und zeigen, dass die AVEM-Typen nicht nur ein Indikator für die Gesundheit sowie die Selbstwirksamkeit und die Berufszufriedenheit sind, sondern auch für das Erleben der kollegialen Zusammenarbeit.

Nach Schaarschmidt werden die individuellen Verhaltensmuster bereits in der Individuationsphase festgelegt. Demnach ist Abbildung 49 dahingehend zu interpretieren, wie verschieden die Lehrer mit unterschiedlichen Verhaltensmustern den Schulalltag interpretieren. Die Längsschnittuntersuchung von Schaarschmidt und Kietschke (2007) zeigt aber auch, dass sich die Muster durch den Berufsalltag im Laufe der Zeit verändern können. Demnach ist es von Interesse, Faktoren zu ermitteln, die in Zusammenhang mit der AVEM-Verteilung stehen. Da es sich um Haltungen und Verhaltensmuster handelt, ist es naheliegend, dass generelle Lebenseinstellungen einen Bezug zu den AVEM-Mustern aufweisen können. Im nächsten Abschnitt werden daher mögliche Einflussgrößen auf AVEM bei Lehrern an heilpädagogischen Waldorfschulen ermittelt und im Vergleich mit den Befunden an nicht-heilpädagogischen Waldorfschulen betrachtet.

5.5 Einflussgrößen für AVEM

Schaarschmidt (2005, S. 51ff.) hat Geschlecht und Alter als Einflussfaktoren für die Typenverteilung ermittelt. Derselbe Befund ergab sich auch in der Waldorflehrerstudie von Randoll (vgl. Peters, 2013). Für die vorliegende Stichprobe von Lehrern an heilpädagogischen Schulen ist die Sachlage jedoch anders, insofern als sich keine signifikanten Unterschiede für die beiden Geschlechter ergeben. Zwar sind die Anteile der Risikomuster bei den weiblichen Lehrkräften an heilpädagogischen Schulen mit 52,6 Prozent mit denen ihrer nicht-heilpädagogischen Kolleginnen nahezu identisch (52,8%). Dafür weisen aber die männlichen Lehrkräfte an den heilpädagogischen Schulen mit 50,0 Prozent einen höheren Anteil an Risikomustern gegenüber den Kollegen an nicht-heilpädagogischen Schulen (45,7%) auf, so dass die Anteile der Risikomuster beider Geschlechter sich für die heilpädagogischen Schulen angleichen. Woran dies liegen könnte, ist aus der vorliegenden Stichprobengröße nicht ersichtlich.

Für die altersspezifische Betrachtung scheint für beide Schulformen eine ähnliche Signatur vorzuliegen, insofern die jüngeren Lehrer einen größeren G-Muster-Anteil aufweisen, der bei den älteren durch einen abnehmenden B-Muster-Anteil wieder ausgeglichen wird. Allerdings reichen die Fallzahlen bei den heilpädagogischen Lehrern nicht dazu aus, bei differenzierteren Alterskohorten noch zuverlässige Ergebnisse zu liefern.

Wie in der Lehrerstudie von Randoll (2013) und ebenso in der Untersuchung von Schaarschmidt (2005) lassen sich auch hier für die unterschiedlichen Ausbildungsgänge, die zum Beruf geführt haben, keine Zusammenhänge mit den arbeitsbezogenen Verhaltensmustern nachweisen. Teilzeitbeschäftigte beider Schulformen weisen einen tendenziell höheren Risikomusteranteil auf. Ebenso scheint ein Zusatzmandat zum Unterrichtsdeputat auch bei den heilpädagogischen Lehrern keine Effekte auf die Musterverteilung zu haben, der Anteil der Risikomuster nimmt nur tendenziell ab. Dies ist allerdings in der vorliegenden Stichprobe nicht signifikant. Auch beim Familienstand liegen vergleichbare Befunde vor: Alleinlebende weisen mit 70,4 Prozent den größten Anteil an Risikomustern auf gegenüber 50,5 Prozent bei Verheirateten und 39,5 Prozent bei einem Zusammenleben mit einem Partner.

Dagegen liegt für ehemalige Waldorfschüler unter den Lehrern heilpädagogischer Waldorfschulen eine Verschiebung innerhalb der Risikomuster vor, insofern diese wesentlich häufiger dem A-Muster (37,9% gegenüber 18,7% bei Nicht-Waldorfschülern) als dem B-Muster (13,8% gegenüber 33,1% bei Nicht-Waldorfschülern) zuzuordnen sind. Diese Tendenz liegt auch in schwächerer Ausprägung bei den nicht-heilpädagogischen Lehrern vor. Ehemalige Waldorfschüler scheinen daher offensichtlich eher zum Anstrengungsmuster als zum Resignationsmuster zu tendieren. Aufgrund der geringen Stichprobengröße ist dies aber nur als Tendenz zu werten.

Ein weiterer Unterschied zu den Befunden der Waldorflehrerstudie von Randoll (2013) liegt in der Bedeutung der Anthroposophie für die arbeitsbezogenen Verhaltensmuster von heilpädagogischen Lehrern. Abbildung 50 stellt den Vergleich der beiden Gruppen in Bezug auf die Frage nach der Bedeutung der Anthroposophie für den Beruf dar, wobei nach Risikomustern und Nicht-Risikomustern differenziert wurde.

Abbildung 50: Anthroposophie und AVEM bei heilpädagogischen und nicht-heilpädagogischen Lehrern

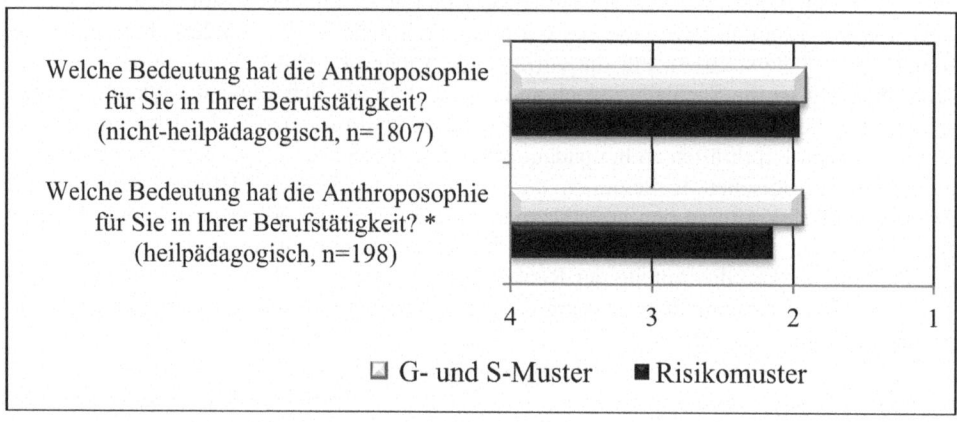

(* = einfache Signifikanz)

Aus Abbildung 50 ist ersichtlich, dass heilpädagogische und nicht-heilpädagogische Lehrer der Anthroposophie insgesamt eine vergleichbar hohe Bedeutung für den Beruf zusprechen. Ein signifikanter Unterschied zwischen den Risikomustern und den „gesunden" Mustern besteht jedoch für Lehrer heilpädagogischer Schulen. Ist die Bedeutung der Anthroposophie „sehr hoch", dann beträgt der Anteil der Risikomuster nur 34,7 Prozent. Bei der Gruppe, welche die Bedeutung mit „hoch" einschätzt, entfallen bereits 59,3 Prozent auf die Risikomuster, und schließlich steigt bei der indifferenten Gruppe („weder/noch") der Risikomusteranteil auf 68,2 Prozent. Eine große Bedeutung der Anthroposophie für den Beruf scheint es demnach den Lehrern an heilpädagogischen Waldorfschulen leichter zu machen, mit den Anforderungen des Berufs in einer gesunden Weise umzugehen. Aufgrund des geringen Stichprobenumfangs ist dies aber ebenfalls nur als Tendenz zu werten. In Abbildung 51 ist dieser Befund noch einmal graphisch wiedergegeben.

Abbildung 51: Bedeutung der Anthroposophie für die psychische Gesundheit heilpädagogischer Lehrer

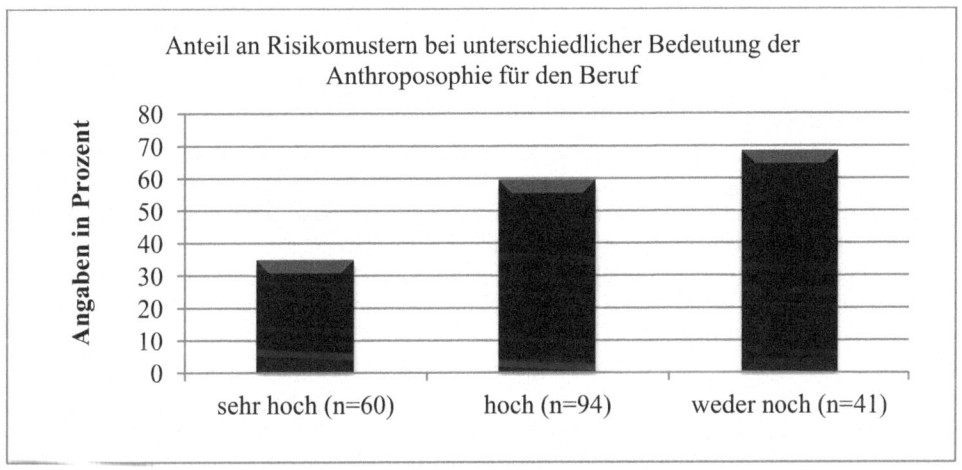

Aus Abbildung 51 wird ersichtlich, dass der Anteil der Risikomuster innerhalb derjenigen Lehrergruppe, für die die Anthroposophie im Beruf eine große Bedeutung hat, unter 40 Prozent sinkt, wogegen der Wert für die indifferent eingestellte Gruppe („weder/noch") bei 68 Prozent liegt. Innerhalb der heilpädagogischen Waldorfschulen stellt daher die Nähe zur Anthroposophie einen unterstützenden Faktor für die psychische Gesundheit dar.

Ein ähnlicher Befund ergibt sich bei der Frage nach der Unterstützung durch einen „übergeordneten geistigen Zusammenhang", wodurch die Interpretation der Ergebnisse in Abbildung 50 auf alle diejenigen Lehrer ausgeweitet wird, die ihre Arbeit mit einem spirituell orientierten Hintergrund in Zusammenhang bringen. Bei der Frage nach der Bedeutung der Anthroposophie für das tägliche Leben ließen sich dagegen keine Unterschiede bei den verschiedenen AVEM Mustern ausmachen.

5.6 Zusammenfassung der Ergebnisse

Zusammenfassend lässt sich sagen, dass die Lehrer an heilpädagogischen Waldorfschulen gegenüber den übrigen Waldorflehrern gemäß den AVEM-Befunden etwas stärker belastet sind. Besonders das Resignationsmuster ist stärker ausgeprägt, was vermutlich damit zusammenhängt, dass das berufliche Erfolgserleben bei den heilpädagogischen Lehrern geringer ist. Die Bedeutung der Anthroposophie für den Beruf ist bei den Lehrer an heilpädagogischen Waldorfschulen allerdings eine Ressource für die psychische Gesundheit, obwohl die Durchschnittswerte insgesamt nicht wesentlich von denen der übrigen Waldorflehrer abweichen. Die Befunde legen aber nahe, dass die Bedeutung der Anthroposophie (für den Beruf) bei heilpädagogischen Lehrern die Gefahr verringert, an physischen oder psychischen Leiden zu erkranken, die mit dem Berufsalltag im Zusammenhang stehen.

Der letztgenannte Zusammenhang lässt sich allerdings auch auf diejenigen Lehrer ausdehnen, denen „Vertrauen in übergeordnete Zusammenhänge (beispielsweise Karma, geistige Welt) in ihrem Beruf Halt und Sicherheit gibt". Daher ist dieser Effekt nicht auf die

Anthroposophie begrenzt. Ein spiritueller Hintergrund scheint also bei den Lehrern dieser Schulformen generell einen unterstützenden Effekt für die psychische Gesundheit zu haben. Vergleichbare Befunde ergaben sich auch in der Untersuchung von Büssing (2011) zur Spiritualität als Ressource im Umgang mit chronischer Krankheit. Dort wurden drei Dimensionen ermittelt, in denen sich der Bezug zur Spiritualität ausdrücken kann: das „Vertrauen in höhere Führung",[61] die „Suche nach Rückbindung" und die „Reflexion (Positive Krankheitsinterpretation)" (Büssing, 2011, S. 112).

Auf der anderen Seite ist der A-Muster-Anteil bei den Lehrern an heilpädagogischen Waldorfschulen geringer als bei den übrigen Waldorflehrern, so dass in der Summe der Risikomuster beide Schulformen zwar durchaus vergleichbar sind, jedoch immer noch neun Prozentpunkte unter dem Wert für die Regelschulen liegen.

Interessant ist auch, dass die übliche Musterverschlechterung bei weiblichen Lehrkräften gegenüber ihren männlichen Kollegen bei den heilpädagogischen Lehrkräften nicht erkennbar ist, hier ist die Musterverteilung bei den Lehrerinnen nahezu identisch. Es bleibt allerdings einer Untersuchung mit einer größeren Stichprobe überlassen, diesen Befund zu verifizieren.

Dasselbe trifft auch für den geringen Anteil von B-Mustern bei ehemaligen Waldorfschülern unter den heilpädagogischen Lehrern zu. Mit 13,8 gegenüber 33,1 Prozent bei denjenigen, die keine Waldorfschüler waren, ist der Anteil signifikant geringer. Dafür ist allerdings das A-Muster entsprechend erhöht. Dieser Befund, dass ehemalige Waldorfschüler eher zum „Anstrengungsmuster" neigen als zum „Resignationsmuster", müsste ebenfalls durch eine größere Stichprobe erhärtet werden.

Ansonsten lassen sich bei den verschiedenen Ausbildungsgängen oder Strukturen der Selbstverwaltung (kollegial- oder mandatsgeführte Schule) keine Bezüge zu den Verhaltensmustern feststellen. Die Frage, ob ein Coaching oder Intervisionsprozesse die Verhaltensmuster auf lange Sicht günstig beeinflussen könnten, ließe sich nur durch eine Längsschnittstudie beantworten.

---

[61] Zu diesem Aspekt gibt es ein Item in dem Fragebogen, der dieser Arbeit zugrunde liegt.

Literaturverzeichnis

Barth, U. (2012). *Integration und Waldorfpädagogik. Chancen und Herausforderungen der Integration von Kindern mit sonderpädagogischem Förderbedarf in heutigen Waldorfschulen.* Dornach: Verlag am Goetheanum.

Barz, H. & Randoll, D. (Hrsg.) (2007). *Absolventen von Waldorfschulen. Eine empirische Studie zu Bildung und Lebensgestaltung* (2. Aufl.). Wiesbaden: VS, Verlag für Sozialwissenschaften.

Bauer, H. P. (2006). Zur Ethik selbstverwalteter Organisationen – Anspruch und Realität von Schulen und Einrichtungen in freier Trägerschaft. In H. P. Bauer & P. Schneider (Hrsg.), *Waldorfpädagogik. Perspektiven eines wissenschaftlichen Dialogs* (S. 129-234). Frankfurt am Main: Lang.

Blömeke, S., Kaiser, G. & Lehmann, R. (Hrsg.) (2008). *Professionelle Kompetenz angehender Lehrerinnen und Lehrer. Wissen, Überzeugungen und Lerngelegenheiten deutscher Mathematikstudierender und -referendare. Erste Ergebnisse zur Wirksamkeit der Lehrerausbildung.* Münster: Waxmann.

Bloomard, P. (2012). *Beziehungsgestaltung in der Begleitung von Menschen mit Behinderungen. Aspekte zur Berufsethik der Heilpädagogik und Sozialtherapie.* Dornach: Verlag am Goetheanum.

Brater, M. (2013). Zur Qualität von Waldorfschulen, ihrer Entwicklung und Sicherung. In D. Randoll & M. da Veiga (Hrsg.), *Waldorfpädagogik in Praxis und Ausbildung. Zwischen Tradition und notwendigen Reformen* (S. 25-50). Wiesbaden: Springer VS.

Brater, M., Hemmer-Schanze, C. & Schmelzer, A. (2009). *Interkulturelle Waldorfschule. Evaluation zur schulischen Integration von Migrantenkindern.* Wiesbaden: VS, Verlag für Sozialwissenschaften.

Bucher, A. (2012). *Psychologie der Spiritualität.* Weinheim: Beltz-PVU.

Buchka, M. (Hrsg.) (2000). *Intuition als individuelle Erkenntnis- und Handlungsfähigkeit in der Heilpädagogik* (Dornacher Reihe der Konferenz für Heilpädagogik und Sozialtherapie. 4). Luzern: Edition SZH.

Buchka, M. (2003a). *Ältere Menschen mit geistiger Behinderung. Bildung, Begleitung, Sozialtherapie.* München: Reinhardt.

Buchka, M. (2003b). Geistige Behinderung aus anthroposophischer Sicht. In E. Fischer (Hrsg.), *Pädagogik für Menschen mit geistiger Behinderung. Sichtweisen, Theorien, aktuelle Herausforderungen* (S. 229-258). Oberhausen: Athena-Verlag.

Buchka, M., Grimm, R. & Klein, F. (Hrsg.) (2002). *Lebensbilder bedeutender Heilpädagoginnen und Heilpädagogen im 20. Jahrhundert* (2. Aufl.). München: Reinhardt.

Büchner, C. (Hrsg.) (2005). *Lebensspuren. Über den Zusammenhang von Erziehung und Therapie* (Dornacher Reihe der Konferenz für Heilpädagogik und Sozialtherapie. 11). Luzern: Edition SZH.

Büssing, A. (2011). Spiritualität/Religiosität als Ressource im Umgang mit chronischer Krankheit. In A. Büssing & N. Kohls (Hrsg.), *Spiritualität transdisziplinär. Wissenschaftliche Grundlagen im Zusammenhang mit Gesundheit und Krankheit* (S. 107-124). Berlin: Springer.

Döring-Seipel, E. & Dauber, H. (2013). *Was Lehrerinnen und Lehrer gesund hält. Empirische Ergebnisse zur Bedeutung psychosozialer Ressourcen im Lehrerberuf.* Göttingen: Vandenhoeck und Ruprecht.

Ewertowski, J. (2007). *Die Entdeckung der Bewusstseinsseele.* Wegmarken des Geistes. Stuttgart: Verlag Freies Geistesleben.

Fischer, A. (2012). *Zur Qualität der Beziehungsdienstleistung in Institutionen für Menschen mit Behinderungen. Eine empirische Studie im Zusammenhang mit dem QM-Verfahren „Wege zur Qualität".* Dornach: Verlag am Goetheanum.

Frielingsdorf, V. (Hrsg.) (2012). *Waldorfpädagogik kontrovers. Ein Reader.* Weinheim: Beltz-Juventa.

Frielingsdorf, V., Grimm, R. & Kaldenberg, B. (2013). *Geschichte der anthroposophischen Heilpädagogik und Sozialtherapie. Entwicklungslinien und Aufgabenfelder 1920 bis 1980.* Dornach: Verlag am Goetheanum.

Fuchs, T. (2013). Interpersonalität – Grundlage der Entwicklung von Geist und Gehirn. In J. Krautz & J. Schieren (Hrsg.), *Persönlichkeit und Beziehung als Grundlage der Pädagogik* (S. 29-44). Weinheim: Juventa-Verlag.

Fuchs, T., Sattel, H. C. & Henningsen, P. (Hrsg.) (2010). *The embodied self. Dimensions, coherence and disorders.* Stuttgart: Schattauer.

Gäch, A. (Hrsg.) (2004). *Phänomene des Wandels. Wozu Heilpädagogik und Sozialtherapie herausgefordert sind* (Dornacher Reihe der Konferenz für Heilpädagogik und Sozialtherapie. 7). Luzern Edition SZH.

Gerecht, M., Steinert, B., Klieme, E. & Döbrich, P. (2007). *Skalen zur Schulqualität. Dokumentation der Erhebungsinstrumente. Pädagogische Entwicklungsbilanzen mit Schulen (PEB)* (2. Aufl., Materialien zur Bildungsforschung. 17). Frankfurt a. M.: Gesellschaft zur Förderung Pädagogischer Forschung.

Göschel, J. C. (2012). *Der biografische Mythos als pädagogisches Leitbild. Transdisziplinäre Förderplanung auf Grundlage der Kinderkonferenz in der anthroposophischen Heilpädagogik.* Dornach: Verlag am Goetheanum.

Götte, W. M. (2006). *Erfahrungen mit Schulautonomie. Das Beispiel der Freien Waldorfschulen.* Stuttgart: Verlag Freies Geistesleben.

Gontard, A. von (2012). *Spiritualität von Kindern und Jugendlichen. Allgemeine und psychotherapeutische Elemente.* Stuttgart: Kohlhammer.

Graham, A. M., Fisher, P. A. & Pfeifer, J. H. (2013). What sleeping babies hear. A functional MRI study of interparental conflict and infants' emotion processing. Published online before print March 28, 2013, doi: 10.1177/0956797612458803

Graudenz, I. (2012). Herausforderungen an die Waldorfschule in der Zukunft. In D. Randoll (Hrsg.), *„Ich bin Waldorflehrer." Einstellungen, Erfahrungen, Diskussionspunkte – Eine Befragungsstudie* (S. 223-229). Wiesbaden: Springer VS.

Graudenz, I., Peters, J. & Randoll, D. (2013). Lehrer an Freien Waldorfschulen – Ergebnisse einer empirischen Erhebung. *Research on Steiner Education, 4*(2), 93-103. Zugriff am 28.4.2014 http://www.rosejourn.com/index.php/rose/article/viewFile/160/177

Grimm, R. (1991). Über drei Gesten heilpädagogischer Arbeit. In S. Görres & G. Hansen (Hrsg.), *Psychotherapie bei Menschen mit geistiger Behinderung* (S. 27-48). Bad Heilbrunn: Klinkhardt.

Grimm R. (Hrsg.) (1998). *Selbstentwicklung des Erziehers in heilpädagogischen Aufgabenfeldern. Die Idee der Selbsterziehung bei H. Nohl, P. Moor, J. Korczak und R. Steiner* (Dornacher Reihe der Konferenz für Heilpädagogik und Sozialtherapie. 2). Luzern: Edition SZH.

Grimm, R. & Kaschubowski, G. (Hrsg.) (1998). *Heilen und Erziehen. Sonderpädagogik und anthroposophische Heilpädagogik im Gespräch* (Dornacher Reihe der Konferenz für Heilpädagogik und Sozialtherapie. 15). Luzern: Edition SZH 1998.

Grimm, R. & Kaschubowski, G. (Hrsg.) (2008). *Kompendium der anthroposophischen Heilpädagogik*. München: Reinhardt.

Hattie, J. (2009). *Visible learning. A synthesis of over 800 meta-analyses relating to achievement*. London: Routledge.

Heidtmann, D. & Schmitt, R. (2010). *Entwicklungsdialog. Eine Interaktionsanalyse im Waldorfkindergarten*. Mannheim: Verlag für Wissenschaftstransfer.

Helsper, W. et al. (2007). *Autorität und Schule. Die empirische Rekonstruktion der Klassenlehrer-Schüler-Beziehung an Waldorfschulen*. Wiesbaden: VS, Verlag für Sozialwissenschaften.

Hiller, W. (2007). Kurzer Abriss der Geschichte der deutschen Waldorfschul-Bewegung seit 1945. In H. Barz & D. Randoll (Hrsg.), *Absolventen von Waldorfschulen. Eine empirische Studie zu Bildung und Lebensgestaltung* (2. Aufl., S. 25-32). Wiesbaden: VS, Verlag für Sozialwissenschaften.

Jungmann, T. & Reichenbach, C. (2013). *Bindungstheorie und pädagogisches Handeln* (3. Aufl.). Dortmund: Verlag Modernes Lernen.

Kiersch, J. (1978). *Freie Lehrerbildung. Zum Entwurf Rudolf Steiners*. Stuttgart: Verlag Freies Geistesleben.

Kiersch, J. (1990). „Lebendige Begriffe" – Einige vorläufige Bemerkungen zu den Denkformen der Waldorfpädagogik. In F. Bohnsack & E.-M. Kranich (Hrsg.), *Erziehungswissenschaft und Waldorfpädagogik. Der Beginn eines notwendigen Dialogs* (S. 75-94). Weinheim: Beltz.

Kiersch, J. (1997). *Die Waldorfpädagogik. Eine Einführung in die Pädagogik Rudolf Steiners* (3. Aufl.). Stuttgart: Verlag Freies Geistesleben.

Klein, F. (Hrsg.) (2001). *Begegnung und Vertrauen. Zwei Grunddimensionen des Erziehungsraumes* (Dornacher Reihe der Konferenz für Heilpädagogik und Sozialtherapie. 5). Luzern: Edition SZH.

Kloss, H. (1955). *Waldorfpädagogik und Staatsschulwesen*. Stuttgart: Klett.

Kranich, E.-M. (2006). *Der innere Mensch und sein Leib*. Stuttgart: Verlag Freies Geistesleben.

Krautz, J. & Schieren, J. (2013). Persönlichkeit und Beziehung als Grundlage der Pädagogik. Zur Einführung. In J. Krautz & J. Schieren (Hrsg.), *Persönlichkeit und Beziehung als Grundlage der Pädagogik* (S. 7-28). Weinheim: Beltz-Juventa.

Kuhl, J., Moser, V., Schäfer, L. & Redlich, H. (2013). Zur empirischen Erfassung von Beliefs von Förderschullehrerinnen und -lehrern. *Empirische Sonderpädagogik*, (1), 3-24.

Liebenwein, S., Barz, H. & Randoll, D. (2012). *Bildungserfahrungen an Waldorfschulen. Empirische Studie zu Schulqualität und Lernerfahrungen.* Wiesbaden: Springer VS.

Lindenberg, C. (1990). Riskierte Schule – Die Waldorfschulen im Kreuzfeuer der Kritik. In F. Bohnsack & E.-M. Kranich (Hrsg.), *Erziehungswissenschaft und Waldorfpädagogik. Der Beginn eines notwendigen Dialogs* (S. 350-367). Weinheim: Beltz.

Markic, S., Eilks, I. & Valanides, N. (2008). Developing a tool to evaluation differences in beliefs about science teaching and learning among freshman student teachers from different science teaching domains. A case study. *Eurasia Journal of Mathemantics, Science and Technology Education*, (2), 109-120.

Márquez, C. et al. (2013). Peripuberty stress leads to abnormal aggression, altered amygdala and orbitofrontal reactivity and increased prefrontal MAOA gene expression. *Translational Psychiatry*, 3(1), e216. DOI: 10.1038/tp.2012.144

Maschke, T. (2008). *Integrative Aspekte der anthroposophischen Heilpädagogik in Theorie und schulischer Praxis.* Frankfurt a. M.: Lang.

Merleau-Ponty, M. (1994). *Keime der Vernunft. Vorlesungen an der Sorbonne 1949-1952.* Hrsg. von B. Waldenfels. München: Fink.

Paschen, H. (2008). Wissenschaftliche Zugänge zur Waldorfpädagogik. In H. Paschen (Hrsg.), *Erziehungswissenschaftliche Zugänge zur Waldorfpädagogik* (S. 11-31). Wiesbaden: VS, Verlag für Sozialwissenschaften.

Paulig, P. (1990). Hat die kinder-, lehrer- und elternschwierige Staatsschule eine Zukunft? Oder: Sind die Waldorfschulen die besten Schulen, „die wir heute haben"? In F. Bohnsack & E.-M. Kranich (Hrsg.), *Erziehungswissenschaft und Waldorfpädagogik. Der Beginn eines notwendigen Dialogs* (S. 368-386). Weinheim: Beltz.

Peters, J. (2013). Arbeitsbezogene Verhaltens- und Erlebensmuster. In D. Randoll (Hrsg.), *„Ich bin Waldorflehrer." Einstellungen, Erfahrungen, Diskussionspunkte – Eine Befragungsstudie* (S. 185-222). Wiesbaden: Springer VS.

Randoll, D. (2007). Die Zeit in der Waldorfschule. In H. Barz & D. Randoll (Hrsg.), *Absolventen von Waldorfschulen. Eine empirische Studie zu Bildung und Lebensgestaltung* (2. Aufl., S. 175-236). Wiesbaden: VS, Verlag für Sozialwissenschaften.

Randoll, D. (2008). Empirische Forschung und Waldorfpädagogik. In H. Paschen (Hrsg.), *Erziehungswissenschaftliche Zugänge zur Waldorfpädagogik* (S. 127-156). Wiesbaden: VS, Verlag für Sozialwissenschaften.

Randoll, D. (Hrsg.) (2013). *„Ich bin Waldorflehrer." Einstellungen, Erfahrungen, Diskussionspunkte – Eine Befragungsstudie.* Wiesbaden: Springer VS.

Rittelmeyer, C. (1990). Der fremde Blick – Über den Umgang mit Rudolf Steiners ‚Vorträgen und Schriften'. In F. Bohnsack & E.-M. Kranich (Hrsg.), *Erziehungswissenschaft und Waldorfpädagogik. Der Beginn eines notwendigen Dialogs* (S. 64-74). Weinheim: Beltz.

Rittelmeyer, C. (2002). *Pädagogische Anthropologie des Leibes.* Weinheim: Beltz-Juventa.

Rittelmeyer, C. (2010). Vorwort. In H. Paschen (Hrsg.), *Erziehungswissenschaftliche Zugänge zur Waldorfpädagogik* (S. 7-10). Wiesbaden: VS, Verlag für Sozialwissenschaften.

Rogers, C. R. (2012). *Der neue Mensch* (9. Aufl.). Stuttgart: Klett-Cotta.

Rohen, J. (2002). *Morphologie des menschlichen Organismus*. Stuttgart: Verlag Freies Geistesleben.
Rohloff, T. (2011). *Waldorfseminar-Absolventen und Waldorflehrer. Seminarausbildung, Erstbeschäftigung, Austrittsgründe, Verweildauer, Altersverteilung*. Mannheim: Freie Hochschule, Institut für Bildungsökonomie.
Rothland, M. & Terhart, E. (2007). Beruf Lehrer – Arbeitsplatz Schule. Charakteristika der Arbeitsfähigkeit und Bedingungen der Berufssituation. In M. Rothland (Hrsg.), *Belastung und Beanspruchung im Lehrerberuf – Modelle, Befunde, Interventionen* (S. 11-31). Wiesbaden: VS, Verlag für Sozialwissenschaften.
Roth, G. (2011). *Bildung braucht Persönlichkeit. Wie Lernen gelingt*. Stuttgart: Klett-Cotta.

Sauer, A. (2013). *Der Übergang von der Förderschule in die Regelschule – Perspektiven von Schülern, Lehrern und Eltern. Eine Studie an der Michael Bauer Schule Stuttgart*. Masterarbeit, Alanus Hochschule Alfter.
Schaarschmidt, U. (2005). *Halbtagsjobber? Psychische Gesundheit im Lehrerberuf – Analyse eines veränderungswürdigen Zustands*. Weinheim: Beltz.
Schaarschmidt, U. & Fischer, A. W. (2003). *AVEM – Arbeitsbezogenes Verhaltens und Erlebnismuster*. Frankfurt a. M.: Swets & Zeitlinger.
Schaarschmidt, U. & Fischer, A. W. (2008). *AVEM – Arbeitsbezogenes Verhaltens und Erlebnismuster, AVEM Standardform, AVEM Kurzform, Manual* (3. Aufl.). London: Pearson.
Schaarschmidt, U. & Kieschke, U. (Hrsg.) (2007). *Gerüstet für den Schulalltag*. Weinheim: Beltz.
Schieren, J. (2008a). Ästhetische Bildung – Das Kunstverständnis der Waldorfpädagogik. In J. Schieren (Hrsg.), *Bild und Wirklichkeit. Welterfahrung im Medium von Kunst und Kunstpädagogik* (S. 67-86). München: Kopaed.
Schieren, J. (2008b). Die goethesche Bewusstseinshaltung der Waldorfpädagogik. In H. Paschen (Hrsg.), *Erziehungswissenschaftliche Zugänge zur Waldorfpädagogik* (S. 189-214). Wiesbaden: VS, Verlag für Sozialwissenschaften.
Schmalenbach, B. (2008). Bewegung und Sprache. In R. Grimm & G. Kaschubowski (Hrsg.), *Kompendium der anthroposophischen Heilpädagogik* (S. 184-199). München: Reinhardt.
Schmalenbach, B. (2013). Gesten. Zur leiblichen Dimension pädagogischen und heilpädagogischen Handelns. In J. Krautz & J. Schieren (Hrsg.), *Persönlichkeit und Beziehung als Grundlage der Pädagogik* (S. 70-84). Weinheim: Beltz-Juventa.
Schmitz, G. S. (2007). „Burnout? Nicht mit mir?!" Wie Selbstwirksamkeit schützen kann. *Theorie und Praxis der Sozialpädagogik*, (1), 40-43.
Schmitz, H. (1990). *Der unerschöpfliche Gegenstand. Grundzüge der Philosophie*. Bonn: Bouvier.
Schumacher, R. & Stern, E. (2012). Neurowissenschaften und Lehr-Lern-Forschung: Welches Wissen trägt zu lernwirksamem Unterricht bei? *Die Deutsche Schule, 104*(4), 383-396.
Schumann, M. (2009). Die „Behindertenrechtskonvention" tritt in Kraft! – Ein Meilenstein auf dem Weg zur inklusiven Bildung in Deutschland?! *Zeitschrift für Inklusion*, (2). Zugriff am 28.4.2014 http://www.inklusion-online.net/index.php/inklusion-online/article/view/158/158

Schwarzer, R. & Warner, L. M. (2009) Selbstwirksamkeit bei Lehrkräften. In O. Zlatkin-Troitschanskaia et al. (Hrsg.), *Lehrprofessionalität* (S. 629-640). Weinheim: Beltz.

Stamm, C. (2011). *Anthroposophische Sozialtherapie im Spiegel ausgewählter Lebensgemeinschaften. Eine qualitativ-empirische Studie.* Wiesbaden: VS, Verlag für Sozialwissenschaften.

Statistisches Bundesamt (2012a). https://www.destatis.de/DE/Publikationen/Datenreport/ Downloads/Datenreport2008.pdf? blob=publicationFile) [Aufgerufen am 2. 5. 2012]

Statistisches Bundesamt (2012b). https://www.destatis.de/DE/ZahlenFakten/ GesellschaftStaat/BildungForschungKultur/_Doorpage/Schlaglicht_ Bildung.html [Aufgerufen am 2. 5. 2012]

Steiner, R. (1961). *Der Goetheanumgedanke inmitten der Kulturkrisis der Gegenwart. Gesammelte Aufsätze 1921-1925 aus der Wochenschrift Das Goetheanum* (Gesamtausgabe. 36). Dornach: Rudolf-Steiner-Verlag.

Steiner, R. (1972). *Anthroposophische Pädagogik und ihre Voraussetzungen* (4. Aufl., Gesamtausgabe. 309). Dornach: Rudolf-Steiner-Verlag.

Steiner, R. (1976). *Die Kernpunkte der sozialen Frage in den Lebensnotwendigkeiten der Gegenwart und Zukunft* (6. Aufl., Gesamtausgabe. 23). Dornach: Rudolf-Steiner-Verlag.

Steiner, R. (1981). *Menschheitsentwicklung und Christus-Erkenntnis. Theosophie und Rosenkreuzertum* (2. Aufl., Gesamtausgabe. 100). Dornach: Rudolf-Steiner-Verlag.

Steiner, R. (1983). *Erziehung und Unterricht aus Menschenerkenntnis* (3. Aufl., Gesamtausgabe. 302a). Dornach: Rudolf-Steiner-Verlag.

Steiner, R. (2000). *Die Kunst des Erziehens aus dem Erfassen der Menschenwesenheit* (8.-11. Tsd., Taschenbücher aus dem Gesamtwerk. 674). Dornach: Rudolf-Steiner-Verlag.

Steiner, R. (2013). *Schriften über Mystik, Mysterienwesen und Religionsgeschichte* (Schriften – Kritische Ausgabe. 5). Stuttgart-Bad Cannstatt: Frommann-Holzboog.

Thomasello, M. (2006). *Die kulturelle Entwicklung des Denkens.* Frankfurt a. M.: Suhrkamp.

Ullrich, H. (1986). *Waldorfpädagogik und okkulte Weltanschauung.* Weinheim: Juventa-Verlag.

Ullrich, H. (2013). Die Bedeutung der Lehrerpersönlichkeit für die Bildungsprozesse Heranwachsender. Empirische Befunde zur Klassenlehrerpädagogik an Waldorfschulen. In J. Krautz & J. Schieren (Hrsg.), *Persönlichkeit und Beziehung als Grundlage der Pädagogik* (S. 95-113). Weinheim: Beltz-Juventa.

Veiga, M. da (2006). Diskursfähigkeit der Waldorfpädagogik. In H. P. Bauer & P. Schneider (Hrsg.), *Waldorfpädagogik. Perspektiven eines wissenschaftlichen Dialogs* (S. 15-44). Frankfurt a. M.: Lang.

Zander, H. (2007). *Anthroposophie in Deutschland. Theosophische Weltanschauung und gesellschaftliche Praxis 1884–1945* (Bd. 1 und 2). Göttingen: Vandenhoeck und Ruprecht.

The manufacturer's authorised representative in the EU is Springer Nature Customer Service Centre GmbH, Europaplatz 3, 69115 Heidelberg, Germany. If you have any concerns regarding our products, please contact ProductSafety@springernature.com

Printed and bound by CPI Group (UK) Ltd, Croydon, CR0 4YY
23/03/2026
02076395-0020